Leitura do Tao

Dados Internacionais de Catalogação na Publicação (CIP)
(Câmara Brasileira do Livro, SP, Brasil)

Halévy, Marc
 Leitura do Tao : uma sabedoria que nos espera /
Marc Halévy ; tradução de Gentil Avelino Titton. –
Petrópolis, RJ : Vozes, 2015.

 Título original: Lecture du Tao : une sagesse qui
nous attend...
 ISBN 978-85-326-5007-8

 1. Espiritualidade 2. Filosofia taoista 3. Sabedoria –
Aspectos religiosos – Taoismo 4. Tao I. Título.

15-02145   CDD-299.514

Índices para catálogo sistemático:
1. Taoismo : Religião   299.514

Marc Halévy

Leitura do Tao

Uma sabedoria
que nos espera

Tradução de Gentil Avelino Titton

© 2012, Éditions Oxus
Um selo do grupo editorial Piktos

Título original francês: *Lecture du Tao – Une sagesse qui nous attend...*

Direitos de publicação em língua portuguesa – Brasil:
2015, Editora Vozes Ltda.
Rua Frei Luís, 100
25689-900 Petrópolis, RJ
www.vozes.com.br
Brasil

Todos os direitos reservados. Nenhuma parte desta obra poderá ser reproduzida ou transmitida por qualquer forma e/ou quaisquer meios (eletrônico ou mecânico, incluindo fotocópia e gravação) ou arquivada em qualquer sistema ou banco de dados sem permissão escrita da editora.

Diretor editorial
Frei Antônio Moser

Editores
Aline dos Santos Carneiro
José Maria da Silva
Lídio Peretti
Marilac Loraine Oleniki

Secretário executivo
João Batista Kreuch

Editoração: Gleisse Dias dos Reis Chies
Diagramação: Sheilandre Desenv. Gráfico
Capa: Sandra Bretz
Ilustração de capa: Nevermore 1990 | pixabay

ISBN 978-85-326-5007-8 (edição brasileira)
ISBN 978-2-8489-8169-7 (edição francesa)

Editado conforme o novo acordo ortográfico.

Este livro foi composto e impresso pela Editora Vozes Ltda.

*Aquele que quer aprender a voar um dia
precisa primeiro aprender a ficar de pé
e caminhar, correr, escalar e dançar –
não é no primeiro bater de asas
que se consegue alçar voo!*

NIETZSCHE, Friedrich Wilhelm (1883-1885).
Assim falava Zaratustra.

A Coline e Noé
À sua mãe

Sumário

Prólogo – O contexto do Tao, 9

Primeira parte – Ler o Tao, 21

    O Um, 27

    O Devir, 34

    O Dois, 41

    O número, 49

    A harmonia, 56

    Os elementos, 63

Segunda parte – Ler os caracteres, 69

    O traço, 73

    O pincel, 80

    A tinta, 86

    O papel, 93

    O estilo, 101

    O sentido, 106

Epílogo – A atualidade do Tao, 111

    Naturalismo..., 113

    Naturismo..., 115

    Hilozoísmo..., 118

Monismo..., 121

Metempsicose..., 123

Estetismo..., 127

Libertarismo..., 130

Imortalidade..., 132

Eudemonismo..., 135

Elitismo..., 137

À guisa de conclusão..., 140

Prólogo

O contexto do Tao

A arte de ler é uma arte difícil, porque, depois da decifração, começa a decodificação.

O Tao coloca dois grandes problemas à leitura: é muito antigo e é muito chinês.

Sua antiguidade o torna certamente venerável, mas também demasiadamente distante de nós, por referir-se a estilos de vida e de pensamento esquecidos, ou melhor, que para nós se tornaram estranhos, e até desconhecidos.

Sua "chinesice", no duplo sentido da palavra, que aqui deve ser entendida com humor, o torna de difícil acesso a um pensamento e a línguas ocidentais, habituados a deleitar-se num logicismo analítico e cartesiano tão estranho ao pensamento chinês.

O Tao é um conceito rico que esconde muitos planos de leitura.

No plano mais profundo, mais arcaico, o Tao desce, como um rio, de uma montanha imensa e fundadora: o *Yijing*, o "Clássico das mutações", que é uma obra oracular cuja origem remonta a 3.500 anos aproximadamente e que estabelece os princípios do yin e do yang como motores de todas as evoluções e mutações de tudo quanto existe e se transforma sem cessar. Este todo, impermanente, coerente e totalmente emaranhado, é o Tao.

Mas o Tao é também o nome de todo movimento interior: cada um tem seu Tao. Trata-se de um outro nível de leitura. Este Tao é lido no grande livro da Natureza. O taoismo é um naturalismo básico: o mundo é um, o mundo é real, o mundo é natural (em oposição a "sobrenatural"), o mundo é autorreferencial (ele se desenvolve por si mesmo e de si mesmo, sem intervenção externa). E cada um esboça seu próprio Tao no Tao universal, mais ou menos em harmonia com ele. Harmonia: a noção-chave da ética e da etiqueta chinesas.

O Tao é ainda um conceito filosófico, metafísico até, que um grande sábio, Lao-tse, fundou no século VI antes da era vulgar. Um livro, portanto: o *Tao-te-king*, o "Clássico do fluxo e do seu poder", poderíamos traduzir. Um livro denso, compacto, imenso. Oitenta e um capítulos curtos, minimalistas, obscuros, mas de uma fecundidade inaudita, que nutre incrivelmente as mentes de hoje, apesar dos quase três milênios que nos separam de sua redação. O *Tao-te-king* é um texto abrupto, duro, econômico, árido até. É preciso penetrar nele com paciência, com perseverança, com delicadeza. Um monumento conceitual de um nível muito alto de abstração. Liezi, dois séculos mais tarde, retomará este trabalho.

Chuang-tse, mais de cem anos depois de Lao-tse, segundo a tradição, abriu outro caminho para o Caminho (a palavra Tao significa também "caminho"), o da mística alegre e irônica, o da metáfora e da parábola, o da historieta que se conta como quem não quer nada e que subverte toda a nossa existência.

Chuang-tse é um libertário. Ele zomba do poder, da fortuna e da glória. Cultiva uma misantropia aristocrática e eremítica com humor e alegria. Sem desprezo, porém.

Todos os "Clássicos" (Lao-tse, Chuang-tse, Liezi) e todos os escritos posteriores (os do poeta da embriaguez, Li-Po, por exemplo) são escritos – caligrafados, dever-se-ia dizer – em ideogramas chineses. São escritos numa lógica idiossincrática e semântica totalmente estranha à do Ocidente. Sendo assim, como penetrar neles sem trair demais, ao reinventá-lo, o pensamento original (no duplo sentido de singular e primitivo) que os fecunda? Como compreender (tomar consigo, portanto) textos que não têm a função de transmitir um saber, mas antes de semear um modo de pensar?

Com o passar do tempo, o Tao tornou-se também – talvez sobretudo – uma arte de viver. Uma alegre arte de viver. Quem nunca viu estes "budas" de orelhas grandes – que nada têm de budistas –, pândegos e barrigudos, que frequentam as vitrinas e restaurantes chineses? São monges errantes, taoistas, amantes do riso e do vinho, grandes críticos das vaidades humanas, cavaleiros andrajosos das causas filosóficas e libertárias. Li-Po foi um deles. O mais célebre. O mais poeta. Um dos maiores poetas da literatura poética chinesa clássica. Viveu no século VIII de nossa era. Cultivou, no mais alto grau, a embriaguez. Embriaguez mística mais que embriaguez de vinho.

É fácil perceber: estes diversos níveis de leitura do Tao se interpenetram intimamente, se completam harmoniosamente, se confundem encantadoramente, como se misturam os ingredientes de um prato preparado suave e lentamente.

Cada um dos níveis de leitura que selecionei é, em si, um mundo, um universo imenso e rico, insondável, infinito. De acordo! Selecionar é renunciar. De acordo! Não se trata de ser nem exaustivo, nem erudito, nem acadêmico. Trata-se de abrir portas e pistas. Trata-se de semear, já que esta é uma palavra-chave da tradição taoista.

Fiel a esta metáfora campestre, cada uma das duas partes desta obra formará uma espiga de seis grãos que as recortarão em seis capítulos, todos curtos.

Em nossa língua, a palavra que, provavelmente, se apresenta como a mais adequada – mas com uma total falta de poesia – para traduzir "Tao" seria "processo". Tudo é processo. Tudo o que existe é um mesmo processo único e coerente. O cosmos é este processo imenso, este Tao-sem-nome que Lao-tse canta na primeira linha (escrita verticalmente, de cima para baixo, como uma revelação que liga o Céu e a Terra) de seu *Tao-te-king*.

O próprio pensamento taoista é um processo: em suma, o Tao do Tao. Em sua raiz, pelo menos enquanto a memória dos homens guarda lembrança, está o *Yijing*, o "Clássico das mutações", uma obra oracular, guia para interpretar as fissuras nas carapaças da tartaruga lançadas ao fogo ou os sorteios por meio de caules de milefólio. Ali nascem dois conceitos, ou melhor, um só e único conceito bipolar: o Yin-Yang. Vertente da montanha exposta à sombra e vertente da montanha exposta ao sol, literalmente: sombra e luz movediças e ondulantes sobre uma e a mesma montanha. O *Yijing* foi escrito progressivamente (cf. a quinta parte, adiante), assim como o foi a Torá de Moisés, aproximadamente na mesma época que esta.

Mas é a Lao-tse – ou melhor, ao livro a ele atribuí-do: o *Tao-te-king* – que se deve a formalização filosófica e conceitual do Tao. Isto acontecia no século VI antes da era vulgar, na mesma época dos físicos pré-socráticos na Jônia, dos profetas bíblicos na Judeia, dos Upanixades vedânticos na Índia: período axial da história dos homens, escrevia Karl Jaspers (1883-1969).

O cânon taoista, à semelhança do cânon bíblico, é composto de diversos "clássicos" cuja lista varia de acordo com as épocas e as escolas.

Mas contém três obras fundamentais: o *Clássico do Tao e de sua força* de Lao-tse, o *Zhuangzi* de Chuang-tse e o *Verdadeiro Clássico do vazio perfeito* de Liezi.

Estes três livros clássicos são compilações construídas, pouco a pouco, ao longo de três séculos.

Toda esta corrente taoista irrigou a história da cultura e das mentalidades chinesas, produzindo um solo fértil não só para os desdobramentos filosóficos ulteriores, mas também para numerosas experiências artísticas, das quais a poesia e a caligrafia são os exemplos mais famosos. Ela está também no cerne das teorias chinesas práticas das artes marciais (das quais as versões suaves são o Taijiquan e o Qigong), da dietética e da gastronomia, e das medicinas chinesas como a acupuntura. Além disso, por volta do século III da era vulgar, deu origem também a uma versão religiosa, cujas diversas escolas atravessaram os séculos e chegaram até nós; esta religião formaliza e ritualiza uma busca da imortalidade, versão popular do grande retorno ao Tao sem nome e sem fundo.

O artigo anônimo da Wikipédia diz, com toda razão, o seguinte:

Deitando raízes na cultura antiga, esta corrente [*nota da redação: o taoismo*] se baseia em textos, entre os quais o *Tao-te-king* de Lao-tse, e se exprime por meio de práticas que influenciaram todo o Extremo Oriente. Traz entre outras:

• uma mística quietista, retomada pelo budismo Chan (antepassado do zen japonês);

• uma ética libertária que inspirou especialmente a literatura;

• um senso dos equilíbrios yin-yang buscado pela medicina chinesa e pelo desenvolvimento pessoal;

• um naturalismo visível na caligrafia e na arte.

O pensamento chinês possui três grandes raízes de tamanhos desiguais: o taoismo é a raiz mais antiga, que bebe diretamente na fonte xamânica antiga (o Yijing, por exemplo), seguida pelo confucionismo e enxertada com uma versão chinesa do budismo, enxerto encarnado pela escola Chan; esta, exportada para o Japão através da Coreia, tornou-se o zen, tanto em sua versão Rinzai como em sua versão Soto (para falar apenas das duas escolas mais conhecidas).

O *zen* japonês e o *ch'an* chinês são as deformações locais de uma mesma palavra sânscrita: *dhyana*, que significa, simplesmente, "meditação". O zen não é outra coisa e nada mais do que taoismo meditante! O buda (o desperto) identificando-se então com o mestre do Tao plenamente realizado.

Mas voltemos às três raízes do pensamento chinês: taoismo, confucionismo e budismo. Do budismo – ramo dissidente e popular do vedismo indiano, nascido em reação contra o intelectualismo e o elitismo do Vedanta – a China conservou apenas as técnicas de meditação

14

sentada, que se tornaram, no Japão, a técnica do *zazen* (sentado-meditação, numa tradução literal). Conceitual e filosoficamente, o budismo não trouxe quase nada à China. Quanto ao confucionismo, este é muito mais uma ideologia do que uma filosofia. Assim como o taoismo é de essência libertária e eremítica, assim o confucionismo codifica, regulamenta, ordena, ritualiza, formaliza, formata.

É importante salientar esta diferença radical: o taoismo é uma filosofia – portanto, uma arte de viver –, ao passo que o confucionismo é uma ideologia – portanto, uma arte de governar. Onde o taoismo aconselha aos príncipes governar pelo não-agir, pelo não-governo, pelo desprezo do populacho (os famosos "cães de palha" que é preciso manter com a barriga cheia e a cabeça vazia, dizia Lao-tse), o confucionismo instaura um culto, uma divinização do poder e de sua encarnação suprema: o imperador. O maoismo, neste sentido, foi o último avatar do confucionismo.

O taoismo quer inscrever o homem em seu justo e modesto lugar nesta Natureza que manifesta o Tao. O confucionismo acredita imitar o Tao ao querer ordenar toda a vida dos homens de acordo com um modelo estritamente piramidal e hierárquico, tanto no espaço com o culto ao imperador quanto no tempo com o culto aos antepassados. As duas correntes dizem, no fundo, a mesma coisa: cada homem deve estar em seu justo lugar e viver de acordo com sua justa norma, ao mesmo tempo na Natureza (é a versão taoista) e na sociedade (é a versão confucionista).

No entanto, este ponto de convergência doutrinal não deve encobrir as profundas divergências entre nossas duas correntes. A história as vê muitas vezes em total oposição, o confucionismo correspondendo mais aos períodos de poder forte e centralizado, e o taoismo aos períodos de anarquia ou de mudança. Em resumo, é o homem livre e selvagem diante do homem domesticado e civilizado.

Diz-se – com certo anacronismo, é preciso admitir – que o grande mestre Kong (*Kongfuzi*, ou seja, Confúcio em sua forma latinizada pelos jesuítas) quis conversar com Lao-tse, a fim de colher seus ensinamentos.

Yifu relata o caso da seguinte maneira:

> No decurso de sua conversação, Lao-tse assinalou a Confúcio que ele tinha "soberba e desejos". Sugeriu-lhe, portanto, desembaraçar-se deles: "porque estas coisas não são boas para ti". Depois de terem trocado opiniões sobre a justiça e sobre a humanidade, Lao-tse perguntou a Confúcio: "Alcançaste o Tao?" Confúcio respondeu: "Estou à procura dele há vinte e sete anos. Ainda não o alcancei". Lao-tse lhe disse: "Se o Tao fosse alguma coisa tangível que pudesse ser oferecida aos outros, as pessoas lutariam para dedicá-lo ao rei. Se o Tao pudesse ser oferecido aos outros, as pessoas gostariam de oferecê-lo aos membros de sua parentela. Se o Tao pudesse ser expresso claramente, todo mundo o diria a seus irmãos. Se o Tao pudesse ser ensinado aos outros, as pessoas se esforçariam para ensiná-lo aos seus filhos. Todas as possibilidades acima mencionadas são impossíveis. A razão é simples. Quando uma pessoa não tem uma compreensão justa do Tao, o Tao não se abrirá ao seu coração".
>
> Quanto às coisas que Confúcio não podia perdoar ou julgava injustas, Lao-tse pensava que Confúcio criava problemas para si mesmo, porque era apanhado na armadilha da fama e do interesse pessoal. Ao voltar para casa, Confúcio não falou durante três dias.

Um dos discípulos de Confúcio, Zigong, achou isto estranho e lhe perguntou o que estava acontecendo. Confúcio lhe disse: "Sei que os pássaros voam, que os peixes nadam, que os animais correm. Os que correm podem ser controlados por meio de armadilhas. Os que nadam podem ser apanhados por meio de redes. Os que voam podem ser abatidos por meio de flechas. Ao passo que os dragões estão às vezes nas nuvens e outras vezes no céu. Não sei como administrá-los. Lao-tse é um dragão. Seus pensamentos são como um dragão que voa na abóbada celeste. Eu abri a boca, mas estava sem voz. Estiquei minha língua, mas não pude recolhê-la. Estou ansioso e não me reconheço mais".

Este encontro legendário, que pinta Confúcio como um simples cretino ignorante do Tao, é evidentemente de fonte taoista. Não é senão a emblemática figura do desprezo que os taoistas têm pelo confucionismo. O campo contra a cidade. A natureza contra a cultura. A liberdade contra o poder. A anarquia contra a hierarquia. Encontramos aqui, sob máscaras diferentes, toda a bipolaridade yin-yang da qual deveremos falar novamente mais adiante.

Para dar mais um passo, comparemos dois textos.

Eis o de Lao-tse:

O céu e a terra são eternos.
Eles não têm vida própria.
Por isso são eternos.
Assim, o primeiro lugar cabe ao Sábio
que soube apagar-se esquecendo sua pessoa.
Ele se impõe ao mundo sem desejos para si próprio,
o que ele empreende é perfeito.
Ele havia sentado no último lugar.
Por isso ele se encontra no primeiro.

O sábio não se mostra, ele brilha.
Ele não se impõe, as pessoas o notam.
Ele não se vangloria, as pessoas lhe atribuem méritos.
Ele não se retira, ele avança.
O sábio é metódico, mas não categórico;
íntegro, mas não contundente ofensivo;
reto, mas não absoluto;
luminoso, mas não ofuscante.
O sábio aprende sem estudar,
observando os erros dos outros.
O sábio, sem nunca fazer grandes ações,
realiza grandes coisas.
Conhecer-se a si mesmo é sabedoria superior.
Conhecer os outros é a sabedoria.

... e o de Confúcio:

Compreender a vontade do Céu leva à sabedoria.
O sábio não se aflige com o fato de os homens não o conhecerem.
Ele se aflige por não conhecer os homens.
Na cólera, o sábio pensa em suas consequências.
O sábio não oprime os outros com sua superioridade.
Ele não os humilha por causa de sua impotência.
O sábio dedica-se a ser lento em suas palavras e diligente em seus atos.
O sábio respeita tudo. Antes de tudo, ele se respeita a si mesmo.
O sábio olha para seu dever, o vulgar olha para seu interesse.
O sábio espera tudo de si mesmo. O vulgar espera tudo dos outros.
O sábio vê o conjunto, não o detalhe. O vulgar compara e não generaliza.

Por um lado: "não fazer nada" (Lao-tse), por outro: "fazer seu dever" (Confúcio).

"Não fazer nada", em chinês *wu-wei*, não é inação e passividade, mas ressonância entre a parte e o todo, entre a gota d'água e o rio, entre o homem e o Tao: trata-se de estar em sintonia, perfeitamente e integralmente em sintonia com o Tao, com o processo cósmico, com o fluxo das energias universais (o *Chi*).

"Fazer seu dever" é o fundamento da ordem social e, portanto, da ordem cósmica.

Nos dois casos existe um apagamento total de si, da pessoa individual. Isto será uma constante em todo o pensamento chinês. O indivíduo não conta. Toda forma de individualismo, de egotismo é uma incongruência, uma indelicadeza, um erro, o mais grave sem dúvida. Pensar em si é uma grosseria. Além disso, a etiqueta chinesa exige que, quando alguém é convidado para uma refeição, ele não peça nada, não se sirva de nada: cabe a quem está ao lado cuidar, sempre, que tigela e copo estejam suficientemente abastecidos.

Os parentes adultos cuidam das crianças pequenas. Os filhos adultos cuidam dos pais velhos. Ninguém trabalha para si mesmo. Só o patrimônio transmitido de geração em geração justifica os esforços cotidianos. Culto da transmissão: fluxo, sempre.

O apagamento de si é um componente comportamental poderoso e permanente há milênios na cultura chinesa. Imitar alguém, ou copiar suas obras, é uma prova de respeito e um sinal de homenagem. A propriedade intelectual e os direitos autorais são provas flagrantes do egotismo ocidental. Incompreensível e... incrivelmente mal-educado.

De maneira mais geral, a obra tem primazia sobre seu autor, porque, no fundo, o único autor de tudo o que se cria e surge e brota dos dias é o Tao, e só ele. O autor humano da obra é apenas o veículo, o revelador, no sentido fotográfico do termo. O talento não está nele, mas no Tao do qual o autor é apenas o utensílio. Noções difíceis para um ocidental, não é?

Primeira parte

LER O TAO

O Real

O Tao é o nome de todo movimento interior: cada um tem seu Tao. É um primeiro nível de leitura. Este Tao é lido no grande livro da Natureza. O taoismo é um naturalismo fundamental: o mundo é um, o mundo é real, o mundo é natural (em oposição a "sobrenatural"), o mundo é autorreferencial (ele se desenvolve por si mesmo e de si mesmo, sem intervenção externa). E cada um esboça seu próprio Tao no Tao universal, mais ou menos em harmonia com ele. Harmonia: a noção-chave da ética e da etiqueta chinesas.

Tao é uma palavra com múltiplos sentidos. Mas evoca sempre o movimento, a impermanência, o fluxo, a atividade. E aponta sempre para o Real, que escrevo com maiúscula para mostrar melhor que aqui se trata da realidade metafísica última e primeira: o que existe, a própria existência que é transformação incessante de si mesmo, que é esta transformação, esta metamorfose, a própria realização. Pois o Real é vivo. Ele é a Vida – igualmente com maiúscula, porque é também princípio metafísico – para além de todas as vidas e existências singulares. No fundo, no Tao a Vida e o Real se confundem. O Real é a Vida. A Vida é o Real.

A cultura e a filosofia chinesas estão ancoradas no real, no concreto. Elas estão justamente no lado oposto do platonismo, que forjou e ainda forja todo o pensamento ocidental. Este idealismo filosófico, que herdamos de Atenas apesar dos pré-socráticos jônios, e que Platão, de alguma forma, copiou da obra de Pitágoras, fundamenta a vida humana como ponte entre o real – geralmente concebido como imperfeito, vil, e até execrável – e o ideal, sempre belo, nobre, excelente. No fundo deste ideal, como que para fundamentá-lo melhor, existe a Ideia. Platão a chamava de Bem. Os cristãos – que devem muito mais a Platão do que à Torá – transformaram-no em Deus: o Ser absoluto, absolutamente perfeito, em perpétuo face a face com o mundo que Ele criou, mas que não passa de um vale de sangue e de lágrimas, a tal ponto sua imperfeição seria grande, a tal ponto a matéria e a carne seriam vis e desprezíveis. No Ocidente, a existência é entendida como um combate contra este mundo real a fim de nele construir e atingir o mundo ideal. É nesta atitude de luta contra aquilo que é que se fundamentam todos os messianismos, todos os revolucionarismos, todos os utopismos. Viver é batalhar contra o real a fim de nele realizar o ideal: domesticar a Natureza, instaurar uma sociedade de Justiça, tornar-se um Santo etc.

Toda esta postura ocidental repousa sobre um *a priori* forte e profundo: a recusa do real tal qual ele é. Mas esta postura é infantil: a recusa é pueril. Em primeiro lugar, porque não se recusa nem se aceita o real: ele é, ele é aquilo que é, sem alternativa. Em seguida, porque todos os ideais não passam de invenções humanas, não são senão a formulação elegante e "séria" daquilo que, no fundo, não passa de um capricho: "eu quero isto, e pronto!" Eu sou pobre, existem ricos; quero, portanto, que não haja mais ricos e dou a isto o nome de justiça social, e pronto! Sigmund Freud teria dado a esta atitude o nome de negação do princípio de realidade em benefício do princípio do prazer: tipicamente infantil.

Na China não há nada disso. Justamente o contrário, em contrapartida. O real é O Real e não existe outra coisa, nem neste mundo daqui nem alhures — não existe, aliás, nenhum alhures. E se o Real não me agrada, é em mim que é preciso procurar a causa e não no Real. Cabe a mim aprender a viver no Real tal como ele é. Minhas fantasias, minhas ilusões, meus sonhos, meus caprichos, minhas utopias são simplesmente absurdos.

Além disso, sou radicalmente, totalmente, indissoluvelmente parte integrante deste Real e de sua lógica de realização. Se estou em desacordo com ele (e com ela), eu é que estou radicalmente errado. Porque eu também sou este Real; e odiá-lo ou combatê-lo é também odiar-me e combater-me a mim mesmo.

Minha realização é impossível contra o Real, mas em compensação é completamente possível no Real, com o Real. E se este Real não me agrada, não é simplesmente porque, obcecado por meus "ideais" caprichosos e infantis, eu sou incapaz de observá-lo, de saboreá-lo e de apreciá-lo? Não se observa bem aquilo que se recusa, aquilo que se rejeita. O início da sabedoria não consiste na atenção que é preciso aprender a prestar às coisas reais e aos seres reais que nos rodeiam, que entrelaçam tão fortemente sua vida com a minha? O que é detestável é a recusa do Real, e não o próprio Real.

Ler o Tao é, em primeiro lugar, aprender a ler o Real como se leria um gigantesco livro cheio de maravilhas e surpresas, cheio de aventuras e tranquilidades, cheio de sentimentos e quietudes, cheio de alegrias e desafios, cheio de loucuras e êxtases. Nem positividade, nem negatividade. O Real é neutro. Ele é. E ele encerra tudo e seu contrário, aqui e agora. Cabe a mim ir procurá-lo a fim de me realizar.

Esta disponibilidade ao presente implica, evidentemente, como sua antítese, a recusa da recusa do Real. Como desfrutar um tesouro se a pessoa se obstina em não querer abrir a tampa do cofre?

O sábio do Tao cultiva esta disponibilidade ao presente, ao aqui-e-agora. A doutrina zen retomará por sua conta, como quase todo o resto, esta atitude taoista. Em chinês, como veremos mais adiante, esta atitude se chama *wu-wei*, ou seja, o "não-agir", o mergulho total e profundo na realidade do presente para fundir-se com ela e dela extrair todo o suco, a fim de alimentar a realização daquilo que é, inclusive eu mesmo.

O sábio do Tao não tem nenhum outro projeto – o que não significa absolutamente que ele não esteja animado por uma poderosa intenção, que é a de realizar sua vida com perfeição, de fazer dela uma obra de arte única e fecunda.

A fim de ler o Tao, nós ocidentais devemos, com o risco de subverter tudo em nossa vida interior, abandonar todo dualismo. Não existe a idealidade e a realidade, não existe o eu e o mundo, não existe o cá-em-baixo e o lá-em-cima, não existe o isto e o aquilo. Existe o Tao e nada mais. Não existe senão o Tao que tudo engloba, que tudo anima, que tudo gera, que tudo absorve. Não existe senão este Tao, do qual tudo quanto existe é apenas manifestação, reflexo, figura, aspecto, aparência.

O Um

Ler o Tao é ler seu primeiro livro: a Natureza. É ler cada borboleta, cada calhau, cada peônia, cada canário-da-terra como um sinal do Tao, deste processo cósmico que se desdobra e do qual nós, os homens, somos partes integrantes.

O Tao é primeiramente Um. Ele contém tudo. Ele gera tudo. Ele absorve tudo. Ele flui. Flui como um imenso rio que desceria pelo vale do tempo em direção ao oceano da plenitude realizada. Tudo flui. *Panta rhei*. Heráclito de Éfeso, contemporâneo jônio de Lao-tse, não dizia outra coisa. O Ocidente o esqueceu em proveito de Sócrates, de Platão e de Aristóteles (embora este último tenha retornado ao Devir de Heráclito e à sua metafísica).

O Tao, portanto, é Um. Ele é a unidade única e unitária. A visão chinesa do cosmos é organicista, hilozoísta dever-se-ia especificar tecnicamente, com o risco de parecer pedante. Explicitemos.

O universo visto com o olhar ocidental é antes uma imensa máquina, um incrível agregado de objetos emaranhados uns nos outros, quarks nos aglomerados de galáxias, uma extraordinária boneca russa composta de múltiplos níveis de escala: átomos, moléculas, cristais, rochedos, montanhas, planetas, estrelas, galáxias. O universo é um mecanismo e todo mecanismo exige seu mecânico: Deus para os teístas, o acaso para os ateus. Deus ou o acaso reuniram o maquinário universal, a maquinação cósmica. Mas quem criou Deus? Quem inventou o acaso? O ovo e a galinha da metafísica ocidental não são senão um *ouroboros*, uma serpente que morde a própria cauda, uma questão malcolocada.

A China não se coloca esta questão e a querela tão velha quanto pueril entre teístas e ateus não tem, ali, nenhum sentido.

Diálogo inspirado numa antiga história judia...

Deus existe.
Você tem razão!
Não, Deus não existe.
Você tem razão!
Mas nós não podemos ter razão os dois...
Você tem razão!

A brincadeira é apenas aparente. O pensamento chinês não parte de um conceito abstrato, como Deus ou o acaso. O raciocínio chinês poderia antes – se a noção de raciocínio pudesse ter o sentido e o peso que ela tem aqui – ser o seguinte: tudo aquilo que existe, existe; tudo aquilo que existe, se move e se transforma; a mudança é, portanto, a essência universal e única de tudo quanto existe; esta mudança universal chama-se *Tao*, processo. Se Deus é o Tao, então Deus existe; se Deus não é o Tao, então Deus não existe. E ponto-final!

Voltemos, portanto, aos fundamentos. Tudo vem do Tao e retorna ao Tao, que é a mudança universal, o processo cósmico. O Tao é Um. Em seu seio, tudo é solidário com tudo, tudo é causa e efeito de tudo, tudo é interdependente. Interdependência e impermanência são os prenomes do fundamento cujo nome é Tao. Por estas duas qualidades – estas duas virtudes, dizem as traduções habituais – o Tao se apresenta não como uma combinação mecânica de objetos (os átomos ocidentais), mas como um vasto organismo vivo. Tao e Vida são sinônimos, porque a vida é transformação e movimento perpétuos. A matéria é viva. Ou, antes, a Vida é a matéria-prima do Tao. Em grego, "matéria" é *hylê* e "vida" (ou "ser vivo") é *zôon*: colocadas juntas, estas duas palavras gregas dão hilozoísmo, que é a doutrina filosófica segundo a qual tudo o que existe é movido por uma Vida cósmica orgânica que anima a totalidade do universo.

Deus existe? Sim, se Deus é Matéria e Vida; sim, se Deus é matéria viva ou vida materializada. Senão, Deus não existe. A cultura chinesa tradicional é incapaz de conceber o Deus dos teístas, um Deus pessoal, exterior ao mundo, perfeito e imutável, estranho à vida viva, palpitante, carnal.

Com o risco de parecer um pouquinho iconoclasta, poderíamos dizer que o único Deus ao qual um letrado chinês poderia prestar atenção seria uma forma cósmica, generalizada e despersonalizada do Dioniso grego ou do Shiva hindu.

Portanto, ler o Tao é primeiramente aprender a ler a Natureza, a fim de nela ler a Vida e compreender-lhe as molas íntimas: a impermanência e a interdependência.

O yang que faz tudo evoluir. O yin que faz tudo reatar. Vejamos...

Cada vez que faço alguma coisa, por mais ínfima que seja, eu influencio definitivamente e inelutavelmente todo o resto do universo e de sua evolução. Esmagadora e assustadora responsabilidade. Sem dúvida. Mas cada vez que não faço alguma coisa que eu poderia ter feito, influencio também definitivamente e também inelutavelmente todo o resto do universo e de sua evolução. E então?

É o seguinte: mais uma vez, é orgulho colocar a questão desta maneira, como se eu fosse o senhor, o decisor, o iniciador, o criador. A questão correta é outra: Entre todos os atos possíveis que se apresentam a mim a cada instante, qual escolher? E, quando enfim a questão é bem-colocada, a resposta brota naturalmente: a cada instante, o melhor ato é aquele que mais favorece o Tao, ou seja, aquele que é mais fecundo, mais portador de futuro, mais realizador tanto para mim quanto para aquilo que me cerca.

Repitamos: a Natureza – e o Tao que ela manifesta – é Uma, ela é um imenso organismo vivo, ela é a Vida. Tudo aquilo que existe participa dela e participa de sua vida íntima, de sua evolução, de sua realização. Esta unidade radical e intrínseca fundamenta o naturalismo chinês: tudo o que existe vem da Natureza e vai para a Natureza; portanto, não existe nada de sobrenatural – o que não exclui de forma alguma que exista muita coisa desconhecida, incompreendida, misteriosa, "mágica", fantástica etc. Até meus sonhos mais surrealistas são partes integrantes do real: eles nascem de minha cabeça e minha cabeça nasce da vida e a vida nasce do Tao. Assim, meus sonhos também manifestam o Tao e merecem atenção e interpretação. A tradição chinesa, de resto, presta muita atenção aos sonhos e aos seus significados. Encontraremos traços disto no *Yijing*, vestígio do xamanismo arcaico.

Aprender a ler a unidade do Tao, a interdependência de tudo com tudo, a impermanência de tudo... e tirar daí todas as consequências práticas. Produzir todas as obras fecundas, mas não prender-se a elas. Fazer tudo o que é possível fazer e deixar fluir. Prestar atenção ao real presente e vivê-lo plenamente, com plena atenção. Viver presente no presente. Estar todo inteiro naquilo que se faz, aqui e agora. Não pensar em outra coisa a não ser naquilo que se faz. Não dissociar, por conseguinte, o pensamento do ato. Nunca se deixar distrair, ou seja, nunca se deixar desviar do real presente.

Já que tudo é interdependente, o mal que cometo, a dor que provoco, os danos que causo, é também a mim que os faço. Aqui se encontra o segredo da sociabilidade, da boa educação, da cortesia, da gentileza... e da astúcia chinesas. Porque o que é a astúcia, senão levar o outro a fazer a si próprio aquilo que gostaríamos de poder lhe fazer, tanto de bem quanto de mal?

Aquilo que eu faço, é também a mim que o faço; aquilo que não faço, é também a mim que não o faço.

Quando destruo, é também a mim que destruo; quando construo, é também a mim que construo. Não é preciso um juízo último para fundamentar uma justiça divina. A simples lógica da interdependência é amplamente suficiente.

Ler a Vida para nela descobrir o Tao, a interdependência e a impermanência; e para pôr-se totalmente de acordo com eles. Entrar em ressonância com eles, portanto. Por anagrama, mas também por sabedoria, "ler" é "ligar". O latim tem as palavras *legere* e *ligare*, respectivamente. Dois verbos aparentados, quase irmãos. A mesma origem longínqua, sem dúvida, já que ler é ligar sinais entre si a fim de criar sentido. Estes sinais são letras aqui e ideogramas lá. Mas a ideia permanece idêntica. Resumindo...

Ler a Vida é ler a vida no cotidiano, não como um biólogo ou um ecologista, mas como um ser vivo, que vive e que sabe que ele vive e que pensa aquilo que ele vive. Viver é infinitamente mais do que existir. Viver é muito mais do que as episódicas e artificiais sensações fortes. Viver aqui e agora, plenamente, intensamente. Ler o tempo que passa como a duração que se acumula, dando-lhe densidade. Bergson o havia compreendido muito bem, já há quase um século. Viver sua vida em sua unidade, em sua densidade, com a consciência de viver e de ser vivido. Sim, de ser vivido pelo Tao. Porque, quando digo "eu vivo", eu deveria antes dizer: "eu sou vivido pelo Tao", ou seja: "eu manifesto o Tao, eu o cumpro, eu o encarno, eu o realizo, eu o atualizo". Então, vivendo minha vida, estou vivendo a Vida: esta Vida cósmica e eterna, universal e imortal. Compreende-se talvez melhor, então, esta busca de imortalidade que é própria do taoismo e que faz sorrir, por condescendência sem dúvida, tantos ocidentais.

Tornar-me um Imortal, na terminologia espiritual chinesa, é ultrapassar minha vida para entrar na Vida; é abolir o ego e viver da vida do incondicionado, do imortal, do fundamento; é participar plenamente do Tao sem nenhuma distinção entre isto e aquilo, entre o eu e o resto; é transcender todo dualismo e chegar à total unidade do Todo, do Tao.

Insistamos nisto: ler a vida em suas fibras é inscrever todo este processo não no excepcional, mas antes na banalidade do cotidiano, tanto no momento precioso de alegria e de êxtase – isto é fácil – quanto ao lavar a louça ou levar embora o lixo – isto é mais difícil.

A arte da caligrafia ou as artes marciais estão relacionadas com esta abordagem: atingir a perfeição em cada gesto até poder esquecer toda disciplina, toda norma, até que esta perfeição seja espontânea e natural.

Bastam vinte segundos para desenhar a caligrafia de um ideograma, mas são necessários trinta anos de trabalho paciente para executá-la com perfeição. Toda uma vida de esforço se concentra em vinte segundos: dar densidade à duração acumulando nela tempo. E depois abandonar a obra, desligando-se dela completamente. O essencial nunca é o destino, porque o essencial é o caminhar: a alegria não está no final do caminho, ela é o caminho!

O DEVIR

Há pouco menos de dois mil e seiscentos anos, duas cidades gregas travavam uma guerra filosófica, metafísica até, sem piedade. Não havia conciliação possível. De um lado, na Jônia, na atual costa asiática da Turquia, não longe de Esmirna: Éfeso. Do outro, no sul da bota italiana, não muito longe de Nápoles: Eleia. Éfeso no Oriente e Eleia no Ocidente. À frente destes dois exércitos de ideias estavam Heráclito de Éfeso, chamado o obscuro, e, enfrentando-o, Parmênides de Eleia. Suas visões do universo divergiam completamente. Para Parmênides, o fundamento de tudo era o Ser, ou seja, a essência da existência, o imutável, o fundamento fixo do todo: o que foi, é e será. O que Parmênides pensa, no mais profundo, é que, por trás do aparente torvelinho das coisas e dos fenômenos, existe um fundo imutável, inalterável. Este fundo é o Ser. E o ser do Ser é ainda o Ser, puro, perfeito, eterno. Um dos discípulos de Parmênides, Zenão de Eleia (não confundi-lo com Zenão de Cício, o fundador da escola estoica), estava tão convencido da imutabilidade absoluta do Ser que demonstrou que todo movimento era ilusão: "Observem, dizia ele, Hércules correndo atrás desta tartaruga; quando ele atinge o ponto onde a tartaruga estava, a tartaruga já está mais longe, e assim sucessivamente, até ao infinito. Logo, Hércules nunca alcançará a tartaruga; logo, o movimento não existe; logo, o Ser é o todo e o todo é imutável". Zenão não podia conhecer a noção matemática de limite e, portanto, não podia saber que a soma de um número infinito de valores cada vez mais infinitamente pequenos pode muito bem dar um resultado finito. Isto se chama convergência. Mas esta é uma outra história...

Do outro lado do mundo grego: Heráclito. Ele apresenta justamente o contrário de Parmênides. Ele diz que o Ser é uma noção abstrata e vazia, irreal, fantasmática. Heráclito afirma que tudo aquilo que vemos não cessa de transformar-se; até mesmo esta montanha que parece imóvel e imutável, mas que, à mercê dos ventos e das chuvas, se gasta, sofre erosão e pouco a pouco desaparece (Heráclito não conhecia, evidentemente, a teoria da tectônica das placas, que é o motor da formação e do desaparecimento dos relevos terrestres). Então Heráclito leva sua ideia até o fim: já que tudo muda o tempo todo, em toda parte, desde sempre, a própria mudança é que é o fundamento do real. Assim Heráclito inventa o Devir, diametralmente oposto ao Ser. Tudo é Devir. Tudo devém (vem a ser). Tudo advém (acontece). Nada permanece. O repouso é uma ilusão. Tudo se move e muda o tempo todo. Observem o ar calmo de uma manhã de verão. Nada se move? Ilusão! Observem melhor e vocês verão milhões de grãozinhos de poeira bailando na luz do sol nascente. Tudo palpita. Tudo nasce, cresce, amadurece, envelhece e morre. Não existe Ser. Só existe Devir.

Estas duas visões do mundo são inconciliáveis, como eu dizia. Foi, portanto, necessário decidir. Depois de Parmênides, Empédocles de Agrigento descreveu o universo como formado por quatro elementos eternos e imutáveis: o Fogo, o Ar, a Água e a Terra. Tudo é composto por estes elementos. O movimento e a mudança são apenas as transformações de suas associações, mas os quatro elementos, estes, não mudam: eles formam o Ser. Demócrito de Abdera deu um passo além e inventou os átomos: pequenos grãos de matéria, eternos e imutáveis, que se juntam de milhões de maneiras possíveis para formar tudo o que existe. Pitágoras, por sua vez, postula o Ser como sendo o conjunto, eterno e imutável, dos seres matemáticos: os números da aritmética e as figuras da geometria fundamentam tudo o que existe. Platão sintetizou estes três pensadores parmenidianos e concebeu uma teoria que estabeleceu a visão que a Europa terá do mundo até hoje: tudo o que existe é composto de átomos democritianos, mas só existem quatro espécies de átomos, uma por cada elemento de Empédocles, e o que as diferencia é sua forma geométrica: existem cinco poliedros perfeitos, dos quais um (o dodecaedro formado por doze pentágonos) representa o cosmos e os outros quatro (o tetraedro, o cubo, o hexaedro e o icosaedro) são os quatro elementos. QED (*quod erat demonstrandum*).

Desde Platão, e apesar das dúvidas de Aristóteles, o pensamento ocidental adotou a visão parmenidiana do Ser. Em termos modernos, esta visão postula que o universo dos fenômenos não é senão o resultado da combinação de tijolos elementares (eternos e imutáveis: as partículas elementares), que interagem entre si por meio de forças elementares (as quatro forças: gravífica, eletromagnética, hadrônica e leptônica), de acordo com as leis elementares (traduzíveis em linguagem matemática como as equações de Newton, de Einstein ou de Schrödinger). Toda a nossa visão mecanicista e física do mun-

36

do apoia-se ainda nestes princípios (exceto na nova visão da física complexa – cf. minha obra *Un univers complexe*, editada pela Oxus em janeiro de 2011).

Toda esta longa digressão pela história da filosofia (e das ciências) foi para mostrar que nós, ocidentais, pensamos o mundo de acordo com Parmênides e esquecemos Heráclito (com exceção de Nietzsche!).

Na China aconteceu justamente o contrário. Todo o pensamento chinês é heraclitiano. Ele se fundamenta numa metafísica do Devir e rejeita toda metafísica do Ser. O que Heráclito chamou de "Devir", Lao-tse, seu irmão na filosofia, chamou de *Tao* e fez dele o fundamento último de tudo o que existe, e ponto-final. Não existe Ser. Nada é eterno nem imutável. Tudo é impermanência. Tudo está perpetuamente em mutação. O velho *Yijing* ("Clássico das mutações") já o dissera mil anos antes de Lao-tse.

Ler o Tao é entrar na visão chinesa da ordem universal. E esta ordem é a do Devir, da impermanência absoluta: nada é, tudo advém e devém. Quando René Descartes diz: "Eu penso, portanto eu sou", os companheiros de Lao-tse lhe objetam: "Ilusão: não há 'eu', não há 'portanto'; mas há sim existência e pensamento". O "eu sou" cartesiano coloca o Ser no centro da existência. Todo o cartesianismo é um subjetivismo, ou seja, ele coloca o sujeito – o ego – como fundamento do pensamento e da existência. Todo o pensamento chinês mostra que ele está errado: o sujeito, o ego, o "eu" são outras tantas ilusões! Quando digo "eu", quem é este "eu"? É o eu de agora, de ontem, de minha infância, de amanhã, de antes de meu nascimento, de após minha morte? De quem eu falo ao dizer "eu"?

O pensamento ocidental é egocentrado – sobretudo depois de Sócrates, e mais ainda depois de Descartes, como vimos –, enquanto o pensamento chinês é cosmocentrado. Claramente, isto significa que o Ocidente pensa a partir de si (antropocentrismo, humanismo, individualismo, egocentrismo, narcisismo, umbiguismo), enquanto o taoismo pensa o mundo, a vida, a existência a partir do Tao – aqui o homem em geral e o eu em particular são bastante secundários.

Ler o Tao, ler a Vida, ler o Um, na China, é um movimento que vai do Todo à parte, do global ao local, do grande ao pequeno etc. O Ocidente funciona de acordo com o movimento inverso: ele explica o todo a partir de suas partes, compreende o mundo a partir das coisas e dos seres que ele contém, estuda o conjunto a partir de seus componentes etc.

Para dizê-lo de outra maneira, em termos mais técnicos, o Ocidente é analítico e reducionista, enquanto o taoismo é holístico e organicista.

Para um letrado chinês, o Todo é sempre muito mais do que a soma de suas partes, o Todo não se reduz nunca às suas partes apenas; o Todo é, sem dúvida, um conjunto de componentes; mas, mais ainda, é um conjunto de relações e de interações *entre* seus componentes.

Ora, todos os métodos analíticos, por recortarem o Todo e, assim, destruírem as relações e interações entre os fragmentos recortados, são incapazes de apreender a realidade profunda do conjunto.

O melhor exemplo para ilustrar isto encontra-se nos próprios fundamentos da arte médica. No Ocidente, a medicina é analítica e mecanicista: o corpo é uma máquina feita de órgãos feitos de tecidos feitos de células feitas de moléculas. A medicina oficial ocidental se destaca, portanto, quando o mal é mecânico (cirurgia) ou molecular (farmacologia), mas é impotente diante das disfunções globais (cânceres, doenças autoimunes, Aids, Alzheimer, Parkinson etc.). A medicina chinesa (as medicinas chinesas, seria melhor dizer) – como a acupuntura, a mais conhecida de suas disciplinas – vê o paciente não como uma máquina composta de órgãos distintos, mas como um todo no qual tudo interage com tudo, no qual o sintoma é um sinal global e não um fenômeno local. Vejamos um exemplo: as doenças virais. No Ocidente, se pego uma gripe, a culpa é do virulento vírus que invade minha atmosfera e que, portanto, é preciso matar com grandes doses de antibióticos. Na China (e a medicina chinesa é um puro produto da filosofia taoista), se pego uma gripe, não é por causa do vírus que está ali desde sempre, mas por causa do terreno, ou seja, por causa de minhas próprias fraquezas. Já não se trata, portanto, de matar o micróbio, mas antes de fortalecer o estado geral do meu corpo, a fim de que ele deixe de ser um campo de jogo para os alegres bichinhos gripais. Compreende-se, portanto, que a medicina ocidental seja sobretudo curativa, enquanto a medicina chinesa é sobretudo preventiva. Isto é tão verdade que o médico tradicional chinês é pago para conservar as pessoas com boa saúde e deve curá-las às suas custas se elas ficam doentes. Compreende-se também por que a dietética é tão importante na China tradicional: o que se come e se bebe é o primeiro dos medicamentos.

O Tao, a Vida, o Devir: três sinônimos para a filosofia chinesa. Mas este Devir não tem nenhuma finalidade, ao contrário do Devir nas filosofias indianas, por exemplo. Não existe escatologia chinesa. Não existe soteriologia chinesa. Para além dos termos técnicos e do jargão filosófico, isto significa duas coisas precisas: em primeiro lugar, não existe nenhuma doutrina dos fins últimos (escatologia) que determinaria, para o cosmos, uma meta a atingir ou um destino imutável; em segundo lugar, não existe nenhuma doutrina da salvação pessoal ou coletiva (soteriologia). O Tao é autorreferencial, ele é para si mesmo sua própria razão de ser. O problema existencial de cada vida humana não é "conquistar seu paraíso", já que o "eu" individual é uma ilusão negativa e... malcriada; trata-se, mais exatamente, de viver o presente, no presente, com a única preocupação de viver em harmonia naquilo e com aquilo que nos cerca; portanto, no e com o Tao que cada um manifesta e que manifesta cada um.

O sábio taoista não procura de modo algum merecer a vida eterna; ele procura constantemente encontrar a imortalidade da Vida. Existe aqui mais do que uma nuança!

O Dois

Ler só é possível se existem duas cores: a da tinta e a do papel. O contraste é vital. Sem ele, não há nem informação, nem forma, nem movimento. O *Yijing* o havia compreendido perfeitamente, ele que, há mais de 3.500 anos, havia postulado a bipolaridade na fonte e na origem de tudo o que existe: se houvesse apenas uniformidade, não haveria senão vazio. O vazio não é o nada. O vazio é a ausência de forma. Ele pode estar cheio. Mas este cheio não é nada, já que não contém nada, já que nada ali se distingue, já que nada ali se destaca. A uniformidade absoluta é o vazio absoluto. Para sair deste impasse é preciso o Dois!

Pensemos nisto. Cada letra latina, como cada ideograma chinês, é uma forma. Cada um representa formalmente um conceito ou uma ideia, ou seja, de acordo com a etimologia grega, um *eidos* – termo do qual derivam nossos termos "ideia" e "idiota", "eidético" e "idiossincrasia" –, ou seja, uma forma. E estas formas abstratas representam formas concretas: os objetos e os seres que nossos sentidos nos fazem perceber e que constituem nossa paisagem mental cotidiana. Ora, sem contraste, sem tinta preta sobre papel branco, sem côncavo e convexo, sem cheio e vazio, sem alto e baixo, sem dentro e fora, nenhuma destas formas seria possível.

Do mesmo modo, todo movimento nasce de uma tensão, ou seja, como diriam os físicos, de um gradiente, de uma diferença de potencial, de um mais e de um menos de energia.

A ideia, então, se generaliza facilmente, porque o que é um movimento senão uma trajetória, ou seja, uma forma no tempo, como um objeto não é senão uma forma no espaço? Forma e informação são uma coisa só e exigem o Dois, em todos os casos.

Historicamente, o pensamento humano introduziu o dois sob... duas formas: a dualidade e a bipolaridade. Estes dois termos parecem bastante próximos, mas tecnicamente escondem noções muito diferentes.

A dualidade é ôntica, ou seja, ela diz respeito ao próprio Ser daquilo que é: ela postula dois princípios opostos, irredutíveis um ao outro. É o caso do platonismo, que postula dois mundos distintos: o mundo das Ideias e este mundo material. É também o caso de todos os teísmos, que distinguem o universo material criado e o mundo divino e celeste, imaterial e incriado, reformulação, em suma, do mundo das Ideias de Platão.

A bipolaridade – que é a opção fundamental do pensamento chinês – não é uma dualidade ôntica. Não se trata de distinguir duas realidades contrárias e inconciliáveis, mas antes de constatar dois polos nas coisas, dois polos inseparáveis, dois polos fenomenais e existenciais – ou seja, que não são nem numenais (ônticos) nem essenciais (ligados à própria essência, à própria natureza dos mundos). A imagem clássica, mas perfeita, da bipolaridade é o ímã magnético, que possui um polo chamado "positivo" e um polo chamado "negativo". Mas estes dois polos são inseparáveis. Se cortamos um ímã em dois, pelo meio, imediatamente reconstituímos dois ímãs que possuem cada qual um polo positivo e um polo negativo. O importante, aqui, é que é impossível ter um sem o outro, é impossível ter um polo positivo sozinho, isolado, sem polo negativo diante dele.

Compreende-se imediatamente que a dualidade não pressupõe – pelo contrário – esta indissociabilidade de seus dois elementos: para os teístas, Deus poderia muito bem existir sem ter criado o mundo material, porque Ele existe por si mesmo, de si mesmo, para si mesmo, porque Ele é o Ser em si, incriado e irredutível ao que quer que seja. Além disso, teologicamente, se o par Deus-mundo não fosse uma dualidade contingente, mas uma bipolaridade necessária, então haveria necessariamente um Um que transcenderia este par. Deus seria apenas um dos dois polos de uma realidade que lhe seria superior – é, aliás, justamente a opção feita por muitos místicos, tanto judeus quanto cristãos, em prejuízo das autoridades teológicas e clericais. Pensemos em Mestre Eckart, por um lado, ou nos cabalistas, por outro. Para estes, o Deus da Bíblia – os deuses da Bíblia, deveríamos dizer, já que Elohim é um plural e muitos nomes diferentes são dados aos diversos aspectos do Divino: YHWH, El-Shaday, El-Elyon etc. – o Deus da Bíblia, dizia eu, não é senão a contrapartida do mundo no seio do *Eyn-Sof*, do sem-fim, do ilimitado. É precisamente a tensão entre YHWH e o mundo – simbolizado pelo povo de Israel – que permite, no seio do *Eyn-Sof*, a realização do cosmos pela aliança que se estabelece entre eles.

Ler o universo com os olhos de um taoista é ver em tudo, por toda parte, sempre, uma bipolaridade essencial em ação: a do yin e do yang, tão inseparáveis como os polos do ímã. Esta bipolaridade essencial fundamenta todo o sistema de pensamento chinês. O *Yijing* – do qual falaremos novamente mais adiante – postulou esta bipolaridade fundamental desde o princípio, há mais de 3.500 anos. A água só flui se existe um alto e um baixo. Do mesmo modo, o Tao – o processo cósmico da Vida – só pode fluir se existe nele uma bipolaridade que lhe está presa "ao corpo": o yin-yang.

Aproveito para informar que falar do yin e do yang como fiz acima é um erro, já que isto pareceria indicar uma dualidade que é incompatível com a metafísica chinesa. É preciso, portanto, falar do yin-yang como de uma única unidade. Esta teoria condiciona tanto a medicina quanto a dietética chinesas, as artes marciais e as artes plásticas, a compreensão da Natureza e da natureza humana etc.

Por ora, concentremo-nos no fato de ler o cosmos como o fruto necessário de uma binariedade bipolar. O Dois é fundamental e fundador. Não há alto sem baixo. Não há norte sem sul. Não há frio sem quente.

O dipolo yin-yang é intrinsecamente constitutivo do próprio Tao. O Tao é Um, mas o Dois lhe é necessário para que alguma coisa ali aconteça, para que haja uma evolução, movimento, mudanças, mutações; numa palavra, para que haja Vida, para que o Tao seja vivo.

Neste momento o ocidental não consegue refrear um questionamento: Sim, mas o movimento para ir aonde? Qual é a finalidade do Tao? Para onde ele vai? Aonde ele quer ir? Qual é sua destinação, seu destino, sua sina? Encontramos nestas perguntas aquela que Leibniz havia formulado de outra maneira: "Por que existe alguma coisa em vez de nada?"

Para o sábio do Tao, esta pergunta não tem cabimento. O que é, é. E ponto-final. Ele é realista. Ele recusa como inúteis todas estas interrogações teóricas sem o menor alcance prático. "Você não tem nada mais inteligente ou importante a fazer do que fazer perguntas idiotas?", retrucaria ele, sem dúvida, a Leibniz (mas *in petto*, porque uma tal pergunta seria de uma indelicadeza inconcebível).

Contudo, a questão do sentido permanece. Qual é o sentido de tudo isto? O Tao flui, sim, mas para onde? O Tao tem um sentido? Sempre a obsessão ocidental da finalidade...

A leitura que o sábio taoista faz do Ocidente não é muito lisonjeira. Ele lê ali muita puerilidade. Para ele, o ocidental está continuamente correndo atrás de sua sombra, continuamente obcecado por quimeras que ele chama de "metas", "objetivos", "planos", "projetos". Com muita ironia, ele constatará que estes famosos objetivos a atingir a todo custo não passam de projeções, fantasias, ilusões, e que, de tanto viver assim, sempiternamente no futuro imaginário, passa-se completamente ao largo do presente real. "Observai-os correndo em suas cidades fétidas e sujas, como formigas assustadas. Sempre em busca de outra coisa diferente daquilo que eles têm, daquilo que eles são. Atarefados. Empurrados para o vazio de sua vida por algumas vontades ou desejos insaciados e a serem saciados urgentemente... embora insaciáveis". Como veremos, Chuang-tse não é indulgente com esta mania de valorizar os negócios acima de tudo, com esta permanente corrida em busca de mais fortuna, mais glória, mais poder. Ele zomba abundantemente de tudo isso.

Este mesmo sábio do Tao diria que o sentido da vida humana é o mesmo que o sentido do Tao: a vida humana só adquire sentido fluindo com o Tao, em perfeita sintonia com ele. E porque nós não o compreenderíamos claramente, Chuang-tse acrescentaria, provavelmente, que o Ocidente se engana redondamente ao confundir sentido e finalidade. Tudo tem um sentido, mas nada tem finalidade. Não existe nenhuma perfeição a alcançar no futuro. Não existe outra meta senão viver perfeitamente aqui e agora. A perfeição não é uma meta, mas um meio; ela não está no futuro imaginário, mas no presente real. A perfeição – como a alegria ou a felicidade – não é o destino da viagem, ela é a própria viagem. Para além do caminho seguido ou traçado, e do caminhante que por ele caminha, é o próprio caminhar que é o essencial e que dá sentido tanto ao caminho quanto ao caminhante.

Este conceito, tão desconcertante para o ocidental, é o próprio cerne do modo de pensar taoista: não existe outra meta para a existência senão viver perfeitamente, totalmente, plenamente cada instante, estar totalmente presente no presente e ali viver perfeitamente, ou seja, executar ali com perfeição tudo o que é executável, seja compor um poema ou lavar a louça. O essencial nunca está no resultado, mas na própria ação. O Tao é ação. Nada mais que ação. Ele é processo, lógica em ação, caminhar, realização de si. Nada mais.

Em suma, o Tao é seu próprio sentido. E o único sentido da existência humana é viver cada instante em perfeita conformidade com a realização do Tao tal como ele é e devém. Repitamos: não existe meta, não existe nada no fim do caminho, porque não existe fim para o caminho. A noção ocidental de "salvação" não tem positivamente nenhum sentido para o pensamento chinês e taoista. Não há nada a salvar. O que está feito está feito. É tarde demais. Não há nada a refazer. O que está falho permanecerá falho para sempre. Cada instante de vida não completado está perdido, para sempre.

Mais uma razão para não perder nenhum instante! E isto exige muito esforço e arte e disciplina. É isto tornar-se sábio. É este o caminho da sabedoria.

A vida, portanto, não tem outro sentido nem outra meta senão ser bem-sucedido com perfeição a cada instante. E, para consegui-lo, cada um dispõe de um motor bipolar chamado yin-yang. Porque é entre estes dois que está o segredo desta perfeição e este segredo se chama "harmonia", cujo conceito será estudado logo após o próximo capítulo.

A tradição chinesa levou bem longe a meditação sobre este binário conceitual e sobre todos os binários dele decorrentes. O Ocidente fez a mesma coisa com seu dualismo fundamental. Todo o pensamento ocidental está assim dividido entre bem e mal, belo e feio, verdadeiro e falso (este é até o fundamento último de toda a sua lógica), sagrado e profano, alegria e tristeza, felicidade e desgraça, riqueza e pobreza etc. Mas esta reflexão ocidental se caracteriza por dois aspectos carregados de consequências. Em primeiro lugar, ela vê estes dualismos como oposições, como batalhas que um deve ganhar e o outro perder. Em segundo lugar, ela não coloca os dois termos de seus dualismos no mesmo plano: ela lança um julgamento de valor e deseja ver um triunfar e o outro ser eliminado. O mundo ideal, perfeito, seria um mundo de bem sem mal, de paz sem guerra, de alegria sem tristeza, de verdade sem falsidade etc. E todas as economias de salvação como todas as ideologias de sociedade visam esta meta.

Esta posição é incompreensível – ou melhor, ridícula – para um sábio do Tao, que sabe que não pode haver bem sem mal, verdadeiro sem falso, alegria sem tristeza etc. Combater o feio é enfeá-lo. Recusar o falso é falseá-lo. Rejeitar o mal é piorá-lo.

Daí uma atitude de vida totalmente diferente: o sábio do Tao, como os estoicos no Ocidente, deseja elevar-se acima destes binários, não para negá-los ou descuidá-los, mas para transcendê-los. É o caminho do meio. Aquilo que todo mundo chama de "belo" é sua própria feiura, dirá Lao-tse. O belo absoluto, que é a beleza do Tao, não é nem belo nem feio, e não tem nada a ver com estas noções totalmente relativas.

Ao contrário do ocidental que quer erradicar o mal, o sábio do Tao deseja colocar sua vida "para além do bem e do mal", numa tosca imitação de Friedrich Nietzsche.

Não se trata de combater, mas de superar. É toda a mensagem dos grandes estrategistas militares chineses como Sun-tzu, que ousa, por exemplo, afirmar que o maior dos generais é aquele que ganha uma guerra sem travar a mínima batalha. Estamos bem longe de Napoleão Bonaparte ou de Clausewitz.

O NÚMERO

A numerologia – o simbolismo dos números – desempenha um papel importante na cultura chinesa. Desde sempre os letrados chineses mostraram-se fascinados pelos nove algarismos fundamentais. O zero lhes era desconhecido, como era desconhecido na Europa antes de os árabes o importarem das Índias e antes de Leonardo Bigollo de Pisa, chamado Fibonacci (1175-1250), convencer o papa de sua utilidade... e exorcizá-lo do caráter diabólico e antiteológico com que tinha sido revestido: já que Deus é Tudo em tudo, sempre e em toda parte, o nada e o zero que o marcam só podem existir falsamente e, portanto, diabolicamente.

Na China, a numerologia é uma ciência-mãe. Dela decorrem a astrologia chinesa e o calendário chinês. Ler os números é ler o tempo e o destino. Estes dois temas ocupam um lugar central em toda a cultura e em toda a tradição chinesas. Voltaremos a estes dois temas do tempo e do destino na concepção chinesa um pouco mais adiante. Por enquanto, leiamos os números e os algarismos com os olhos de um letrado chinês.

A primeira característica dos números, tanto fundamental quanto sagrada, é sua ciclicidade. Toda a visão chinesa do cosmos é cíclica: o tempo é cíclico, o destino é cíclico, a história é cíclica.

Um, dois, três, quatro, cinco, seis, sete, oito, nove... e depois... um, dois, três etc.

Turbilhão de números fundamentais. Eterno retorno. Estes nove números de um só algarismo bastam para exprimir tudo. É preciso, portanto, que tudo possa reduzir-se a eles.

A numerologia chinesa pratica a mesma redução praticada pelos cabalistas: todos os números podem assim ser reduzidos a um número de um único algarismo. Assim, o número 2637 (como veremos, é a data, anterior à era vulgar, do início do calendário chinês) é: $2 + 6 + 3 + 7 = 18$, que é, por sua vez: $1 + 8 = 9$.

Da mesma forma, cada um de nós possui seu próprio "algarismo de destino", calculado a partir da data de seu nascimento (expressa no calendário chinês, evidentemente). Assim, eu nasci no dia 3 do 5º mês do ano 4590 (2637 + 1953), o que dá: $3 + 5 + 4 + 5 + 9 + 0 = 26$, ou seja, 8 (o algarismo amuleto!).

Vejamos agora as grandes linhas da interpretação simbólica de cada um dos nove números fundamentais.

O UM: é o Tao, o Todo-Um, o círculo perfeito. A filosofia taoista é radicalmente monista. Tudo é Um. O Tao manifestado pelo cosmos é único e unitário, ele é Um. Nada existe fora dele. Ele não tem um segundo. Ele exclui toda dualidade (mas não, como vimos, toda bipolaridade). O círculo o representa ou, melhor, representa o Céu – no sentido metafísico – que é a imagem deste grande Todo-Um que nos engloba e nos move. O círculo, enquanto figura geométrica, convida evidentemente a pensar também o ciclo e a ciclicidade, o eterno retorno ao mesmo, o ouroboros, a serpente mitológica que morde a própria cauda, que a China prefere representar sob

50

a figura de um dragão, animal fabuloso e benéfico, que ondula os ciclos do tempo e que anima as ruas no dia do ano novo. O Tao é o grande dragão cósmico.

O DOIS: é a bipolaridade, o par yin-yang. O alto não é nada sem o baixo. O positivo não é nada sem o negativo. O homem não é nada sem a mulher. Não voltaremos a este tema. Acrescentemos apenas que toda a história do mundo e dos homens é sentida, pela sensibilidade chinesa, como uma respiração do Tao, como uma infinita sucessão de inspirações e expirações. A respiração e seu controle desempenham, aliás, um papel importante nas artes marciais e na medicina chinesa, ou ainda nas ginásticas que delas decorrem, como o taijiquan ou o qigong. A respiração é um ritmo e ela permite pôr-se em sintonia com a respiração cósmica. Ela permite também equilibrar o dentro e o fora, levá-los a dialogar a fim de realizar sua unidade, sua ressonância, sua harmonia.

O TRÊS: é a tríade e suas numerosas declinações. Em primeiro lugar, existe a grande tríade do Céu, em cima, da Terra, embaixo, e do Homem, no meio. Em outras palavras: o nível macroscópico do cosmos, o nível microscópico da matéria e o nível mesoscópico da humanidade. Até no *ikebana* japonês – a arte dos arranjos florais, derivada diretamente, via doutrina zen, do taoismo chinês – a disposição de base de um arranjo floral é triádica: um eixo horizontal representando a Terra, um eixo vertical representando o Céu e um motivo central, em seu cruzamento, representando o homem.

A tríade encontra-se novamente nos trigramas do *Yijing*. A ideia central é a seguinte: tudo o que é, é movimento desencadeado pela tensão entre o polo yin e o polo yang. Para que este dipolo universal possa produzir movimento, é preciso lê-lo por associações ternárias, porque toda associação binária desemboca fatalmente numa situação de equilíbrio e, portanto, de repouso, de não-evolução, de morte. Tudo o que é e vive deve, portanto, ter – pelo menos – três dimensões, cada uma delas podendo ser ora yin ora yang (cf., mais adiante, a explicação do número oito).

Por fim, a título de anedota, mencionemos também que a Tríade é o nome da mais conhecida e mais antiga – e poderosa – sociedade secreta chinesa, fundada pelos monges do templo de Shaolin, em oposição à dinastia manchu dos Qing no século XVII. Sun Yat-sen, que fundou a República na China no início do século XX (1912), era membro das Tríades. Progressivamente, sobretudo depois que Mao Zedong as colocou fora da lei, a maioria das células da Tríade degenerou em sociedades criminosas semelhantes à máfia siciliana ou à yakuza japonesa.

O QUATRO: é a Terra, o quadrado perfeito, a materialidade, a matéria. As antigas moedas chinesas, especialmente os taéis (o tael tradicional pesava 40 gramas de prata, aproximadamente), eram peças redondas (o Céu) com um furo central quadrado (a Terra).

O CINCO: são os cinco elementos: o Fogo, o Metal, a Madeira, a Terra e a Água. Como veremos melhor mais adiante, estes cinco elementos não representam, como seus quatro homólogos gregos, substâncias fixas e imutáveis (o Ar, a Água, o Fogo e a Terra), mas comportamentos fluentes que se transformam, sem cessar, uns nos outros.

O SEIS: são os hexagramas do *Yijing*. Um hexagrama é a superposição de dois trigramas (cf. o número TRÊS acima). Simboliza o estado de um sistema num momento determinado. Existem 64 hexagramas. O *Yijing* chama de mutação a transformação de um hexagrama em outro através da inversão do yin ou yang antigos em yang ou yin novos. Estudaremos isto mais adiante, na quinta parte, dedicada ao *Yijing*, que, no fundo, é o catálogo comentado dos 64 hexagramas e permite consultar os oráculos e ler seu sentido.

O SETE: enquanto o *"7"* é o algarismo sagrado por excelência na Torá judaica e, em seguida, nos escritos cristãos e muçulmanos, ele está singularmente ausente da tradição chinesa, na qual ele não significa nada. Para a tradição popular chinesa, o número sete é antes maléfico, ligado ao destino, ao acaso e aos fantasmas, às trevas.

O OITO: são os oito trigramas de base, as oito combinações possíveis das três associações de yin e de yang. São lidos de baixo para cima. Por exemplo, yin-yin-yin é *KUN*, a Terra, a pura receptividade e fertilidade femininas, e yang-yang-yang é seu simétrico: *KIAN*, o Céu, a pura atividade e fecundidade masculinas; da mesma forma, yang-yang-yin é o Lago, yin-yin-yang é a Montanha, yin-yang-yang é o Vento, yang-yin-yin é o Trovão, yang-yin-yang é o Fogo e yin-yang-yin é a Água. Retomaremos tudo isto mais adiante.

O NOVE: é a plenitude, a realização perfeita, a harmonia realizada. O algarismo "9" simboliza, portanto, a eternidade, a duração, a imortalidade que é, como vimos de relance, um conceito importante do pensamento taoista, já que ratifica a perfeita harmonia realizada entre o homem e o Tao.

Como é fácil compreender, as preocupações numerológicas ocupam um amplo espaço nas especulações dos letrados chineses e dos filósofos taoistas. Podemos ler, no

Tao-te king de Lao-tse, toda uma série de alusões numerológicas, a começar pelo número dos capítulos, que é 81, ou seja, o quadrado de nove, ou seja, ainda, a plenitude da plenitude, a realização absoluta, o Tao perfeitamente realizado etc.

O calendário chinês é um puro subproduto da numerologia. Não dá, aqui, para entrar nos detalhes complexos e sutis da medição do tempo na tradição chinesa. Notemos apenas que o calendário chinês de base é lunissolar e muito próximo do calendário judaico, com um ano solar de 365 dias e 12 ou 13 meses lunares de 29 ou 30 dias. A contagem dos anos começa em 2637 antes da era vulgar. O ano começa na primeira lua nova situada entre 21 de janeiro e 20 de fevereiro: por conseguinte, o primeiro mês do ano é o primeiro mês lunar que segue o solstício de inverno; em outras palavras: o ano termina com a primeira lua nova que segue o solstício de inverno. O dragão do novo ano pode então sair pelas ruas e ondular na vida dos homens, ao som dos rosários de fogos de artifício multicoloridos.

Convém notar que as "horas" chinesas duram o dobro das horas ocidentais e totalizam 120 minutos. Existem, portanto, doze horas por dia. Este mesmo dia chinês começa quando nossos relógios marcam 23 horas.

Numerologia e astrologia estão intimamente misturadas: se o ocidental gosta de dizer: "Nasci sob uma boa estrela", o chinês, por sua vez, dirá: "Nasci sob um bom número". Aliás, em chinês, "número" e "destino" são uma e a mesma palavra.

A arte oracular é, na China, como em outros lugares, uma tradição que remonta às épocas xamânicas mais arcaicas. O destino! O homem, eternamente em busca de certezas a fim de vencer seu receio do desconhecido e seus medos do contingente.

A tradição chinesa substituiu o tempo imóvel dos gregos e o tempo linear da Torá pelo tempo cíclico dos eternos retornos ao mesmo. Ciclos dos anos, das estações, das luas e dos dias. Ciclos dos nascimentos e das mortes. Ciclos da História e das dinastias, dos reinos e das guerras. Ciclos das mulheres.

O letrado chinês lê o tempo como uma imbricação de ciclos que, como bonecas russas, se contêm e se englobam mutuamente. Do ciclo mais longo de 4.657 anos (este terminará no ano 2020 de nosso calendário e implicará um imenso transtorno para a humanidade) ao ciclo mais curto da dupla hora, tudo é ritmo. Entrar nestes ritmos, nesta trama de ritmos dever-se-ia dizer, é toda a arte do sábio do Tao: entrar em sintonia com os ritmos da Natureza e, portanto, do Tao, já que aquela é a manifestação deste.

Viver de acordo com os ritmos da Vida: isto poderia ser um adágio chinês de fundo. Basta observar alguns chineses entregando-se juntos a uma sessão de taijiquan para convencer-se de que o ritmo das existências pessoais e seu pôr-se de acordo com a grande Vida cósmica estão no coração da prática chinesa.

Ritmo das estações e dos trabalhos dos campos ou de outros lugares, ritmos das refeições e dos repousos, ritmo dos amores e das cópulas...

A este respeito, um ramo do taoismo desenvolveu uma erótica iniciática e espiritual baseada no controle dos ritmos espermáticos: diz-se que os mestres desta arte conseguiam levar ao orgasmo quarenta (ou cem) belas jovens numa mesma noite sem ejacular nenhuma gota de esperma. Para bom entendedor...

A HARMONIA

A noção de harmonia é axial no pensamento chinês. Mas vai muito além de sua acepção ocidental corrente, que conota o bonito, o elegante, o bem proporcionado e até mesmo o belo. Nós harmonizamos cores – o que os chineses não fazem, porque as cores são sinais e não simples tonalidades. Harmonizamos dimensões de objetos com o cânone de beleza de Praxíteles ou a proporção áurea. Harmonizamos acordes e melodias musicais. A sabedoria taoista vê no conceito de harmonia algo muito mais profundo, fundamental, primordial.

A busca feita pelo sábio do Tao consiste em harmonizar, em cada um dos seus instantes de vida, sua vida interior com tudo aquilo que o cerca e, para além disso, com o Todo e o todo do Todo no sentido mais cósmico e metafísico da palavra "Todo". Se o conseguir, poderá então "cavalgar o Dragão", que é a expressão consagrada para significar a total harmonia de vida entre o homem e o Tao, ou seja, ao mesmo tempo, o processo e a lógica (o *Logos*) cósmicos.

Harmonia imediata e perfeita, no aqui-e-agora.

Harmonia no instante e harmonia do instante. Tentemos explicitar.

Cada instante deve ser perfeitamente harmonioso em si mesmo, como uma joia de cinábrio e de jade. Mas cada instante deve também ser perfeitamente harmonioso com todos os outros instantes passados, a fim de engrenar-se perfeitamente, integrar-se de maneira sublime e perfeita no conjunto do curso da vida, a fim de colocar-se elegantemente como uma conta no fio de ouro de uma vida, para completá-lo como um colar magnífico de pérolas raras e perfeitas.

A bipolaridade yin-yang exige a harmonia entre interior e exterior, entre dentro e fora, em outras palavras, entre individuação e integração. Realizar-se a si mesmo, em si, e realizar-se a si mesmo no Todo. Duas facetas inseparáveis. O Ocidente, sobretudo moderno, apostou tudo na individuação, na afirmação de si mesmo, na conquista e na dominação do outro. A sabedoria chinesa opõe-se a estes comportamentos. O outro, seja ele quem for, não é alguém a ser conquistado, a ser vencido ou a ser dominado. Isto seria o contrário da noção de harmonia.

O caminho do Tao deu ao conceito de harmonia um símbolo gráfico muito conhecido: o *taijitu*, que os chineses chamam de "peixes do yin-yang". O círculo do Tao está dividido em dois "peixes", tendo cada qual a forma de uma lágrima e uma cor apropriada (o preto para o yin da sombra e o branco para o yang da luz, ou o azul para o yin e o vermelho para o yang como na bandeira coreana) e cujo olho possui a cor da outra metade. Estas duas metades são perfeitamente simétricas e têm exatamente a mesma superfície.

Este símbolo deu ocasião a outras grafias diferentes da que foi descrita aqui e que é a grafia das origens.

O símbolo do *taijitu* é muito conhecido, mas muitas vezes malcompreendido. Com efeito, suas representações gráficas são, por força das coisas, congeladas, estáticas. Dever-se-ia, antes, imaginá-lo na duração e ver então que o olho de cada peixe torna-se progressivamente maior ao ponto de, em dado momento, ocupar toda a forma do peixe, justamente no instante em que um novo olho, da outra cor, surge exatamente no mesmo lugar de antes. As cores inverteram-se, o yin tornou-se yang e vive-versa. E isto continua, indefinidamente. O tempo então retoma seu ritmo. E, com ele, a ciclicidade e o ritmo do Tao, eterno recomeço do mesmo. Com a superfície yin sempre exatamente igual à superfície yang, seja qual for a fase do ciclo. Está simbolizado aqui o princípio da harmonia. Yin e yang se transformam sem cessar, mas conservam escrupulosamente, a cada instante, em cada figura, sua estrita igualdade.

Foi sem dúvida a isso que os neoconfucianos deram o nome de "lei da ordem do Céu": o princípio de harmonia cósmica pelo preciso equilíbrio dinâmico dos dois polos. Se um dos dois viesse a ultrapassar o outro, não tardaria a erradicá-lo. Então o Tao morreria e o universo se extinguiria numa espécie de apocalipse entrópico definitivo.

Para que haja o bem é preciso o mal. Para que haja o verdadeiro, é preciso o falso.

Abjeta fatalidade antiprogressista aos olhos de um ocidental cartesiano. Convite à autossuperação, ao desapego e à transcendência para o sábio do Tao.

Harmonia interior, em si mesmo. Harmonia com o todo ao redor de si mesmo. Harmonia entre o em-si-mesmo e o ao-redor-de-si-mesmo, entre interior e exterior.

Desenvolvimento harmonioso por individuação: realização pessoal, crescer, desdobrar-se, desabrochar. Mas também desenvolvimento harmonioso por integração, ou seja, por conexões com os outros, com a Natureza, com o cosmos. E mais: harmonização dos dois caminhos simultâneos de desenvolvimento.

Negligenciar a interioridade é tornar-se escravo dos outros, da aparência, da opinião e do olhar do outro, é renunciar à sua obra própria, à sua própria realização.

Negligenciar a exterioridade é tornar-se escravo de seus caprichos, de suas vontades, de suas pulsões, é naufragar na egolatria, no narcisismo, no umbiguismo.

Todas estas harmonias – estes níveis harmônicos, seria melhor dizer – se interpenetram e interinfluenciam. Temos aqui, totalmente cru, totalmente nu, em sua infinita sutileza e complexidade, o caminho do justo meio, que é tudo aquilo que se quiser, menos o caminho do compromisso e do comprometimento.

No símbolo do *taijitu*, o caminho do sábio do Tao se coloca sobre a fina linha que separa a zona clara do yang e a zona escura do yin. É também a doutrina do *vedanta advaita* hindu: *neti neti*, que, em sânscrito, significa "simplesmente": "nem isto, nem aquilo" (*vedanta advaita* significa, em sânscrito: "conclusão do Veda sem dualidade").

Encontraremos novamente esta noção ao estudar os textos de Lao-tse.

Como já vimos, a harmonia é muito mais do que um estado das coisas, ela é uma arte de viver.

A arte de recusar todas as dualidades, todos os duais, todos os dualismos, mas sem jamais "perder a identidade". Esta expressão muito conhecida reflete a ideia descrita acima: não se pode desenvolver sua harmonia com o mundo exterior renunciando ao processo de desenvolvimento harmonioso de sua vida interior ou deteriorando-o. Integração sem individuação é fácil, basta ser frouxo e covarde.

Desta atitude fundamental decorre a reputação há muito propagada dos chineses falsos, astutos, hipócritas e elusivos. Em termos de reputação, a recíproca nos é devolvida a nós que somos considerados bárbaros brutais, sem polidez, sem nenhum senso de conveniência e de respeito.

Mas, para além das reputações e outros insultos, trata-se do confronto de dois mundos comportamentais opostos em sua maneira de enxergar o mundo, a vida e os outros.

O Ocidente se construiu – e, muitas vezes, continua construindo-se – sobre o dual, em todos os sentidos da palavra: o dual como duelo (ou combate entre dois), o dual como dualismo (ou princípio segundo o qual tudo está dividido entre dois princípios antagônicos). Toda a civilização ocidental – com sujas tecnologias – foi concebida como combate contra a Natureza. Todo o pensamento ocidental foi elaborado no combate do verdadeiro contra o falso, do bem contra o mal, do belo contra o feio, do sagrado contra o profano. Toda a mentalidade ocidental é hierárquica: ser livre é ser chefe por acaso, por glória e/ou por poder.

O Ocidente é guerreiro, herdeiro, ao mesmo tempo, dos romanos do Sul e dos germanos do Norte. O Ocidente é por essência popular e vulgar (nisto, como em muitas coisas, a "cultura" americana é o modelo).

A China clássica é, por essência, elitista, aristocrática, nobre sem ser necessariamente nobiliária. O refinamento é sua virtude cardinal. A sutileza. A fineza. A leveza. A polidez.

Ao contrário do salão parisiense, onde o essencial é brilhar para ser visto, o sábio do Tao cultiva o silêncio e a solidão, a discrição e o retraimento, até mesmo a transparência. Ele deixa todo o espaço aos outros. Lao-tse, num texto que retomaremos adiante, escrevia:

> Quem sabe não fala.
> Quem fala não sabe.

O Tao é a Vida, e a vida é a Natureza. A civilização chinesa não se constrói contra a Natureza, mas na Natureza e com ela. As aberrações industriais atuais são não apenas calamidades ecológicas, mas crimes culturais e espirituais: a China industrial é antinatural ao erigir-se contra a Natureza. A China industrial é uma China que vendeu sua alma, depois de ter perdido e matado sua alma com o comunismo de Mao.

Basta olhar uma estampa taoista de tinta da China para descobrir o amor intenso pelas paisagens naturais: pinheiros frondosos, rochas escarpadas, brumas e nuvens transparentes, cascata delicada... e, bem pequeno, quase escondido, um homenzinho insignificante e quase invisível, como que para lembrar a insignificância e a pequenez humanas diante do Tao em ação no cosmos: um piolho montando um dragão.

Como eu já disse: ler o Tao é, em primeiro lugar, ler a Natureza e seus sortilégios, seus esplendores, seus mistérios, seus encantamentos, suas maravilhas.

Ao dual ocidental, o sábio do Tao prefere a fusão, a harmonia, a autossuperação, o desapego e a transcendência. A violência lhe é vulgar e repugnante. O orgulho e a ignorância pelo menos outro tanto. Tudo isto não lhe inspira senão repugnância e desprezo. É certamente assim que um Lao-tse julgaria a Modernidade ocidental, que uma minoria de seus compatriotas de hoje parece gostar de imitar, de divulgar, de fabricar.

O contrário absoluto da harmonia!

OS ELEMENTOS

Lembremos o grego Empédocles de Agrigento. Foi ele que forneceu ao Ocidente a teoria dos quatro elementos (Fogo, Ar, Água, Terra) que constituiu – e ainda constitui – um dos pedestais da cultura ocidental. Evidentemente, quando Empédocles fala da Água ou do Fogo (com maiúsculas), ele não fala nem de óxido de hidrogênio nem de plasma oxigenado. Os quatro elementos da filosofia clássica são símbolos, protótipos, até mesmo arquétipos. Constituem uma imutável tipologia dos constituintes do cosmos, que se distinguem entre si pela natureza de suas propriedades fundamentais e eternas.

Para a teoria dos cinco elementos chineses, a Água, o Fogo, a Terra, o Metal (o Ferro) e a Madeira são também símbolos. Mas não são símbolos de constituintes eternos; são, antes, comportamentos que se engendram e se destroem mutuamente em ciclos sutis, fontes inesgotáveis de meditação.

A Água consome o Fogo (extinguindo-o), que consome o Metal (fundindo-o), que consome a Madeira (cortando-a com a serra ou o machado), que consome a Terra (extraindo-lhe seus sais minerais), que consome a Água (absorvendo-a): primeiro ciclo.

A Água alimenta a Madeira (encharcando-a), que alimenta o Fogo (consumindo-se nele), que alimenta a Terra (cobrindo-a de cinza), que alimenta o Metal (mineralizando-se), que alimenta a Água (condensando o vapor). Observe-se que estes dois ciclos constituem um pentágono e um pentagrama imbricados. Note-se também que a relação "consome" do primeiro ciclo não é o simétrico da relação "alimenta" do segundo ciclo. Assim, a Água alimenta a Madeira, mas é consumida pela Terra e não pela Madeira.

Dos quatro elementos gregos, o Ar desaparece, substituído pela Madeira e pelo Metal. Para o chinês, o Ar e o vazio se confundem; eles constituem uma espécie de pano de fundo sem consistência. Em compensação, a Água, o Fogo e os sólidos fazem sentido por sua consistência evidente. Além disso, o fato de distinguir, no mundo dos sólidos, as três formas, amorfa (Terra), cristalina (Metal) e orgânica (Madeira), mostra o interesse de apontar os três grandes modos de organização da matéria.

Ler os cinco elementos e suas relações implica compreender muito bem que não se trata de "constituintes" (como os elementos gregos), mas de comportamentos e de relações intercomportamentais, ou seja, de processos comportamentais de produção ("alimenta") e de inibição ("consome"). Ler os cinco elementos chineses é tentar decodificar as lógicas comportamentais nossas ou daquilo que nos cerca.

Tentemos entrar nesta leitura.

A Água flui. Ela toma a forma do vaso que a acolhe. Ela se adapta ao seu ambiente. Mas é indomável e encontra sempre seu caminho para descer para o vale (Lao-tse fala do "espírito o vale" para indicar a lógica de realização do Tao). A Água é fonte de vida, de toda vida. Ela refresca a atmosfera de verão, mas congela no inverno e torna-se dura e escorregadia, perigosa até. Ela lava, enxágua, purifica. Mas, se ela alimenta a vida, ela destrói o metal, oxidando-o inexoravelmente. É sem razão que se considera a Água passiva e indolente. Numa palavra: flexibilidade.

A Madeira cresce. Ela germina e se desenvolve e se dilata. Ela se divide em ramos em direção ao Céu e raízes em direção à Terra. Ela dá folhas, flores e frutos. Ela é cíclica e segue, tranquilamente, o ritmo das estações. Muitas vezes esquecemos que apenas a fina camada de câmbio, entre a madeira e a casca, é viva, enquanto a madeira como tal é uma estrutura de velhas células mortas cheias de lignina. A Madeira simboliza a relação tanto ascendente quanto descendente, da Terra para o Céu e do Céu para a Terra, como uma ponte entre elevação e profundeza, entre luz e trevas. Numa palavra: ação.

O Fogo consome. Ele é pura elevação e, para elevar-se, está pronto a queimar tudo o que encontra. Mas ele aquece e ilumina; calor e luz; amor e conhecimento; amor do conhecimento e conhecimento do amor. Numa palavra: ambição.

A Terra produz e sustenta. Ela sustenta tudo. Ela faz tudo germinar. Quando é terra gorda, ela é fecunda e generosa; quando é terra magra, ela é estéril e desértica. Ela esconde muitos tesouros, que só entrega aos que procuram e continuam procurando. No fundo ela é reservada. Misteriosa. Ela acolhe os mortos e se torna sua última morada antes de entregá-los ao Tao. Ela trabalha em silêncio, discreta e maternal. Numa palavra: paciência.

O Metal penetra. Ele se esconde em sua ganga ou em sua bainha. É arma e ferramenta. É duro e sólido, pronto para todos os combates, para todos os usos. Seja para matar ou para talhar, ele sempre destrói, porque até a mais bela das estátuas nasce da destruição da rocha pelo cinzel. Numa palavra: vontade.

Vejamos, agora, os ciclos...

A ambição alimenta a paciência (esperar o bom momento), que alimenta a vontade (o impaciente é indeciso), que alimenta a flexibilidade (a vontade se rompe caso seja demasiado rígida), que alimenta a ação (a eficácia exige adaptação), que, novamente, alimenta a ambição (o sucesso pede o sucesso seguinte).

Mas, inversamente, a má ambição (orgulho) mata a boa vontade (entusiasmo), a má vontade (acrimônia) mata a boa ação (generosidade), a má ação (brutalidade) mata a boa paciência (gentileza), a má paciência (astúcia) mata a boa flexibilidade (adaptabilidade) e a má flexibilidade (esperteza) mata a boa ambição (sonho).

Evidentemente, aqui se trata apenas de um exemplo rápido e superficial de interpretação. Esta interpretação não tinha outra ambição senão a de mostrar a riqueza infinita do modelo e das lições e ferramentas que ele fornece.

Ler os cinco elementos chineses é ler o sentido profundo de dois ideogramas justapostos que se pronunciam *Wuxing*. *Wu* significa "cinco" e *Xing* significa "modo". Os cinco modos, as cinco maneiras de ser, os cinco comportamentos.

Sua primeira menção conhecida data do século IV antes da era vulgar e encontra-se no "Clássico dos Documentos", o *Shujing*.

O texto diz o seguinte:
> Os cinco agentes são: Água, Fogo, Madeira, Metal, Terra.

Pertence à natureza da água umedecer e fluir para baixo; pertence à natureza do fogo queimar e elevar-se para os ares; pertence à natureza da madeira ser curvada e voltar a ser reta; pertence à natureza do metal ser dúctil e aceitar a forma que se lhe dá; pertence à natureza da terra prestar-se ao cultivo e à colheita.

A água que umedece e flui para baixo torna-se salgada; o fogo que queima e se eleva torna-se amargo; a madeira curva e novamente reta torna-se azeda; o metal que muda de forma em sua ductilidade torna-se picante; a terra, sendo cultivada, adquire um sabor doce.

A teoria dos cinco modos, depois de ser incorporada na teoria da bipolaridade do yin-yang, tornou-se o cerne de um vasto e sutil sistema de correspondências, do qual vemos um belo exemplo no texto citado.

A cada um dos cinco modos de ser, ele associa primeiramente um comportamento formal: fluir para baixo, elevar-se para o alto, crescer para a luz, receber uma forma, produzir a colheita. Estas categorias talvez se mostrem pouco sistemáticas para um espírito cartesiano; contudo, seu objetivo não é satisfazer algum princípio de simetria ou de lógica formal, mas antes transcrever a realidade dos comportamentos observados na Natureza. O espírito chinês é naturalmente e espontaneamente empírico.

Em seguida, o texto associa os sabores e os elementos: salgado, amargo, azedo, picante e doce. Toda a gastronomia chinesa foi construída sobre esta antiga correspondência: uma iguaria bem-sucedida deve obrigatoriamente integrar os cinco sabores e os cinco modos correspondentes.

Um outro texto, o *Guanzi*, enriquece a gama:

Nos tempos antigos, Huangdi, o Imperador Amarelo, a fim de harmonizar os cinco sinos, estabeleceu as cinco notas de música fazendo soar forte ou suavemente. Deu os seguintes nomes aos cinco sinos: o primeiro foi chamado "sino verde do grande som"; o segundo "sino vermelho do som solene"; o terceiro "sino amarelo que espalha a luz"; o quarto "sino branco que ofusca com seu brilho"; o quinto "sino negro que tranquiliza em sua constância".

Depois de harmonizar as cinco notas, estabeleceu em seguida as cinco fases, a fim de regular as estações do Céu e os cinco departamentos a fim de regular as posições do Homem. Estando em harmonia o Homem e o Céu, foi produzido o melhor do Céu e da Terra.

Está colocado aqui, num parágrafo, todo o fundamento da música tradicional chinesa e sua gama pentatônica, que corresponde, mais ou menos, aos nossos *sol*, *la*, *si*, *re* e *mi*, ou, baixando tudo um meio-tom, às teclas negras de nossos pianos.

Terminemos com um elo entre os cinco modos e a medicina chinesa, já que esta associa, a cada um dos dez órgãos, um dos cinco elementos. Isto permite, diga-se de passagem, estabelecer um elo entre a alimentação (os cinco sabores) e a saúde (os dez órgãos).

Esta correspondência sucinta assemelha-se ao seguinte:

Madeira (azedo): fígado, vesícula biliar.
Fogo (amargo): coração, intestino delgado.
Terra (doce): baço, estômago.
Metal (picante): pulmão, intestino grosso.
Água (salgado): rim, bexiga.

Segunda parte

LER OS CARACTERES

O Sinal

Todos os "Clássicos" (Lao-tse, Chuang-tse, Liezi) e todos os escritos que os seguem (o poeta da embriaguez, Li-Po, por exemplo) são escritos – caligrafados, dever-se-ia dizer – em ideogramas chineses. São escritos numa lógica idiossincrática e semântica totalmente estranha à do Ocidente. Sendo assim, como penetrar neles sem trair demais, ao reinventá-lo, o pensamento original (no duplo sentido de singular e primitivo) que os fecunda? Como compreender (tomar consigo, portanto) textos que não têm por função transmitir um saber, mas antes semear um modo de pensar?

O universo do Tao é, em primeiro lugar, um universo chinês. Isto significa dizer o quanto ele nos é estranho e estrangeiro. Meu professor gostava de repetir que um alho-porro pintado de vermelho não se torna um tomate.

Portanto, enquanto ocidental, alguém pode tornar-se um bom especialista da filosofia taoista (o que é o meu caso) ou da língua chinesa (o que não é o meu caso), mas não será jamais um chinês de boa cepa, impregnado, desde a mais tenra infância e até à medula dos ossos, de uma visão muito particular de si mesmo, do mundo e do outro, forjada por uma língua cujas opções fundamentais e atávicas são diametralmente opostas, em tudo, às opções das línguas indo-europeias ou semíticas.

É preciso, portanto, ter a coragem de confessar: o Ocidente reinventa o Tao por meio de seus vocábulos e de seus conceitos, inspirando-se – o mais de perto possível, é a mínima das honestidades intelectuais – nos autores chineses mais ou menos bem-traduzidos, mais ou menos bem-compreendidos. Mas isto não é tão simples...

Desde sempre a cultura chinesa clássica cultiva o espírito de fineza, como diria Blaise Pascal, contra o espírito de geometria. Pascal precisa (em: *Pensées* – B1): o espírito de geometria deita raízes na racionalidade discursiva, é cartesiano (Pascal não tinha grande apreço por Descartes, considerado por ele "inútil e impreciso") e lógico, participa de uma construção dedutiva e pesada cujas conclusões têm apenas o valor de suas premissas; ao passo que o espírito de fineza é interpretativo, intuitivo, ancorado na linguagem e nos conceitos correntes, metafórico e analógico, alimentando-se com o concreto cotidiano.

Impregnada do espírito de fineza, a cultura chinesa admite e pratica a sutileza e a escrita por episódios soltos. A língua ideogramática se presta maravilhosamente a isto. E tanto pior se a gente se perde rapidamente nos múltiplos sentidos e contrassentidos encaixáveis que se abrem e se fecham continuamente.

Todo texto chinês clássico é uma rede alusiva, uma trama obscura donde jorram, a cada leitura, novas e abundantes fagulhas de uma luz sorridente. Porque a língua chinesa é muito mais do que um idioma; ela é uma máquina, uma maquinaria, uma maquinação de jogos de sentidos e contrassentidos, que se exigem, se ligam, se desligam, se atam uns aos outros.

O taoismo (enquanto bloco doutrinal) não existe, mas convida cada um a praticar seu próprio Tao. É muito diferente!

Curiosa constatação. Para o Ocidente, a qualidade de um texto – sobretudo filosófico – nasce de sua clareza, de sua univocidade, de sua precisão, de sua veracidade. Na China tradicional acontece exatamente o inverso: a qualidade de um escrito vem de sua riqueza de sentidos, de sua fecundidade interpretativa, de sua multivocidade. Se a escrita ocidental é melódica, então a escrita chinesa é contrapôntica, até mesmo sinfônica.

Este traço é essencial: o objetivo de um escrito não é a verdade única, mas a fecundidade múltipla. A própria noção de "verdade" é bastante estranha à cultura chinesa clássica. O verdadeiro? Verdadeiro para quem? Verdadeiro em relação ao quê? Verdadeiro por que e para o quê?

Tudo aquilo que é fecundo é verdadeiro. Nada daquilo que é verdadeiro é verdadeiramente verdadeiro.

O objetivo de toda comunicação ocidental é transferir uma verdade, tal qual, sem deformação, de uma cabeça pensante para outra cabeça pensante. Na China, nada disso acontece. O objetivo do jogo, sobretudo entre letrados, é completamente diferente: trata-se de alimentar o outro, de lhe propor um campo interpretativo e hermenêutico rico e fecundo, no qual ele possa plantar seu próprio pensamento. Não se trata tanto de transmitir, mas de semear. A lenda de Lao-tse o confirma. Tendo decidido abandonar todas as suas funções e todas as honras da corte dos Zhou, Lao-tse, com 160 anos de idade (nasceu com 81 anos!), vai embora, montado num búfalo (símbolo de força tranquila, de serenidade poderosa). Pretende atravessar as montanhas e terminar sua vida como eremita, em algum lugar no Oeste, longe dos homens e de suas guerras. No caminho, um desfiladeiro, um posto de controle da fronteira e o guarda, um certo Yin Xi, que lhe pede para não abandonar o mundo dos humanos sem deixar um escrito, fruto cristalizado e concentrado de toda a sua sabedoria. Lao-tse aceita. Isto dará os 81 capítulos, curtos e obscuros, do *Tao-te king*. Não se tratava de transmitir, mas de semear. Não havia nele nada a transmitir: a sabedoria de um homem é intransmissível tal qual; ela só tem valor e sentido para ele. Ela não é um objeto; apenas o rastro de uma caminhada de vida que só ele fez e da qual só ele conhece os lineamentos e os limites.

Entre os seis curtos capítulos que seguem, três serão dedicados àquilo que a tradição chinesa chama "os quatro tesouros do letrado", a saber: o pincel chinês, o bastão de tinta e a pedra para tinta, o papel de arroz.

O TRAÇO

Ler o chinês é reconhecer caracteres, ou seja, desenhos abstratos cujo catálogo completo contém algumas dezenas de milhares de verbetes. Não se procura o sentido de um caractere. A pessoa o conhece ou não. Para ler os textos do cotidiano é preciso conhecer cerca de 2.000 caracteres. Um letrado conhece dez vezes mais, ou seja, uns vinte mil.

Além disso, para complicar tudo, a maior parte dos caracteres tem significados múltiplos, cuja interpretação só é possível pelo contexto, ou seja, pelos outros caracteres do mesmo texto. Um caractere é também, ao mesmo tempo, uma ideia *e* um som: ele pode ser lido quer como ideia, quer como som.

Como se isto já não fosse bastante complicado, os caracteres se aglutinam entre si para formar caracteres complexos, nos quais um olho experimentado reconhecerá, talvez, os caracteres "elementares" originais. É a versão chinesa de nossa etimologia.

Se, por fim, alguém resolve pronunciar o escrito, as coisas são claras: um caractere equivale, o mais das vezes, a uma sílaba única, mas é preciso saber que cada som-sílaba pode ser lido de quatro maneiras diferentes (cada vez com um sentido diferente) de acordo com o acento que nele se põe: neutro, ascendente, descendente-ascendente e descendente.

Em resumo: o chinês (mandarim, cantonês etc.; existem centenas de dialetos chineses falados que utilizam, todos, os mesmos caracteres, mas os pronunciam de maneira totalmente diferente) é uma língua difícil, cujos fundamentos estruturais não têm absolutamente nada a ver com nossas línguas indo-europeias e semíticas.

Cada caractere chinês é um conjunto estruturado de traços de pincel impregnado de tinta. São, aliás, estes traços que permitem construir dicionários de chinês. O princípio é simples. Os caracteres, no dicionário, são classificados por ordem crescente do número de traços que os constituem e, para um mesmo número de traços, a classificação se baseia na ordem arbitrária de uma lista de traços ditos "elementares".

O número de traços elementares varia de uma escola para outra entre 6 e 24, conforme se distinga ou não certos traços com "gancho" final (ligeiro levantamento do pincel no final do traço) ou se considere determinado traço como elementar ou como composto.

As classificações de base mais comuns distinguem, portanto, seis traços elementares, que são, por ordem: o traço horizontal, o traço vertical descendente, o ponto (que tem uma forma mais de gota ascendente do que de um ponto), o traço descendente à esquerda, o traço em forma de cotovelo com gancho para a direita e o traço vertical descendente com gancho.

Independentemente de toda consideração de sentido ou de utilidade, uma estética evidente ressalta da visão destes caracteres tão antigos como o mundo. Gosto, aliás, de acreditar que foi principalmente a preocupação estética que presidiu à sua criação no início dos desenhos figurativos originais.

Tudo na escrita chinesa solicita a caligrafia, a "bela escrita", de que falaremos novamente mais adiante, quando se tratará de estudar os "estilos" caligráficos.

Um problema crucial que se apresentou à língua chinesa foi o da invenção de novos caracteres. Como construir a representação de um conceito novo? Este problema muito antigo foi resolvido no início da era vulgar pela constituição das seis famílias de caracteres (*liu-shu*). A partir daí, distinguem-se: os *pictogramas*, que representam, muito estilizados, os objetos que eles evocam (o caractere ren representa um homem mediante duas pernas em forma de "V" invertido); os *indicadores*, que estilizam uma ideia abstrata (três traços horizontais para o algarismo 3); os *ideogramas*, que combinam diversos pictogramas para dar um sentido figurativo (sol + lua = luz); os *fonogramas*, que constituem cerca de 90% dos caracteres atuais e que combinam dois caracteres, dos quais o primeiro (à esquerda) indica o significado e o segundo (à direita) determina a pronúncia (homem + o som *ta* = ele; mulher + o som *ta* = ela); os *derivados*, que derivam um caractere de um outro incorporando uma ligeira variante gráfica (o caractere *antigo* dá o caractere *ensinamento*, porque na lógica confuciana são os antigos que ensinam); e, por fim, os *emprestados*, que são puros produtos do uso, sem nenhuma justificação nem semântica nem gráfica nem fônica (o que, evidentemente, não simplifica nada).

Como todas as línguas humanas, o chinês é fruto de uma lenta e longa evolução. Mas, sendo de natureza ideogrâmica e não alfabética, esta evolução é tanto gráfica quanto semântica ou fônica.

Em sua origem os caracteres chineses eram simples entalhes mnemotécnicos numa prancheta de madeira. Pensamos, é claro, nos entalhes de cinzel nas argilas mesopotâmicas, que formaram pouco a pouco os caracteres cuneiformes dos quais derivam, através do hebraico arcaico (os alfabetos anteriores ao alfabeto quadrado chamado "babilônico" clássico) e do fenício, os alfabetos grego e latino.

Os dois sistemas divergiram.

A escrita ocidental levou a seu termo sua lógica analítica ao pé da letra, ou seja, o som elementar minimal, constitutivo das sílabas, e distinguindo consoantes (únicas existentes no alfabeto hebraico) e vogais (uma invenção grega).

A escrita chinesa deteve seu processo de decomposição analítica muito antes e não desceu abaixo do fonema, a sílaba BA permaneceu BA sem tornar-se o conjunto B e A.

Datados de 8.000 anos antes da era vulgar, cacos de cerâmica já trazem ora pictogramas elementares representando nomes de tribo ou de clã, ora indicadores apresentando números.

Foram necessários 5.000 anos suplementares para se constituir lentamente um primeiro catálogo de pictogramas realmente significantes. Entre 3000 e 1600 (dinastia Xia), aparecem os primeiros ideogramas abstratos. Entre 1600 e +220, constrói-se o "dicionário", estrutura-se a língua (especialmente com o aparecimento de caracteres "determinativos" que indicam o gênero ou o tempo etc.) e são formalizadas as seis famílias de caracteres.

A partir de 1949, o comunismo maoista modificou a língua, simplificando-a – desfigurando-a, empobrecendo-a, mutilando-a – a fim de, disse ele, lutar contra o analfabetismo, mas sobretudo a fim de aniquilar o prestígio e a inteligência de fato das elites letradas (foi justamente este o objetivo profundo desse horror absoluto que foi a "revolução cultural": aniquilar as elites e seu espírito crítico e matar a inteligência e o conhecimento – como sempre, as ideologias de esquerda, sob o pretexto de igualitarismo, não fazem senão proceder a horríveis nivelamentos por baixo). Felizmente, hoje, vemos um retorno progressivo e tímido ao estudo da língua clássica: conseguirá a China reencontrar sua alma?

O caractere chinês é um "sinal mínimo": uma única ideia, um único som, um único sinal. Este minimalismo é típico da cultura chinesa em geral, mas principalmente da filosofia taoista em particular.

Em outro lugar (em *Le Principe Frugalité* e *Simplicité et minimalisme* – Dangles) refleti longamente sobre este princípio essencial que perpassa toda a sabedoria do Tao e suas sucursais ch'an e zen. Fazer o melhor com o menos.

Não se compreende nada da sabedoria do Tao se não se compreende esta preocupação permanente, até o mínimo detalhe, com o minimalismo mais estrito. Retornaremos a isto mais adiante.

Em termos de escrita, sobretudo em Lao-tse, isto significa uma extrema concisão – até à obscuridade –, um vocabulário limitado, mas profundo, penetrante, pertinente, rico de segundos e terceiros sentidos.

Pensemos nos fragmentos de Heráclito de Éfeso, nos pensamentos de Blaise Pascal ou nos aforismos de Friedrich Nietzsche.

Mas não existem apenas os caracteres. Existe a página. Ela é escrita geralmente em colunas paralelas, primeiramente de cima para baixo, em seguida da direita para a esquerda.

Mas todas as variantes são possíveis, sendo o início do texto marcado por um sinal especial, e são utilizadas... e combinadas.

O que mais me impressiona é a verticalidade dos textos clássicos, cujo movimento desce do Céu para a Terra passando pelos olhos dos homens. A grande tríade é, mais uma vez, respeitada.

O texto é uma chuva que cai. Uma chuva fecundante que, como a Água dos cinco elementos, é absorvida pela Terra e fecunda o espírito dos homens.

Aqui, uma ideia é capital: os textos caem do Céu. Eles não vêm dos homens, mas os homens os revelam – no sentido fotográfico do termo.

Tudo já foi escrito no silêncio primordial e inviolado do Tao. Escrever é traduzir. E, como diz o provérbio italiano, "Traduttore, traditore" ("o tradutor é um traidor").

O homem letrado é o revelador do Tao aos outros homens. Em suma, ele é mais profeta do que messias, se estes dois termos não fossem tão estranhos à cultura chinesa. Ele recebe o Tao e o expressa, o manifesta, o encarna. Ele não inventa nada. Ele recebe. Isto não deixa de ter analogia com a teoria da reminiscência de Platão: nós não descobrimos nem inventamos nada, mas nos recordamos das coisas.

O sábio do Tao não é nem quer ser nada por si mesmo; ele é um transmissor, um tradutor, um revelador. Se ele escreve, como já mencionei, não é nem para instruir nem para brilhar, mas antes para semear, para alimentar, para edificar. Se o guarda do posto de fronteira não lhe tivesse pedido nada, Lao-tse teria mergulhado no esquecimento dos homens e o *Tao-te king*, esta joia pura do pensamento chinês, nunca teria existido.

O sábio do Tao não escreve por desejo interior, mas para responder a uma necessidade exterior, porque o Tao o exige, porque a situação dos homens o reclama. Mais uma vez: é o guarda do posto de fronteira que pede e não Lao-tse que impõe.

Todo escrito de um sábio do Tao é uma resposta!

O PINCEL

O primeiro "tesouro do letrado" é o *maobi*, que, em chinês, é o pincel: o "lápis de pelos". Que pelos? Carneiro, camurça, raposa, lobo, rato, coelho, e até tigre, lontra, gorila, mangusto: tudo isto foi utilizado, contanto que os pelos retenham bem a tinta. Alguns calígrafos chegavam até a partir os pelos para obter fibras mais finas. Em suma, tornavam as coisas mais difíceis...

Em seu livro *L'écriture chinoise* (PUF), Viviane Alleton escreve o seguinte:

> Em princípio, o pincel deve ser mantido absolutamente vertical, entre os cinco dedos, o polegar opondo-se ao médio e o anular ao indicador, o mindinho apoiando o anular. A palma forma assim uma concavidade: deve ser possível colocar ali um ovo. O pincel deve ser segurado de maneira firme: o mestre tenta arrancar de surpresa o pincel do aluno enquanto este escreve, e o aluno não deve deixá-lo escapar da mão.
> O aluno se exercita em levantar primeiro o pulso, depois o cotovelo. Para habituá-lo a manter esta posição, coloca-se um peso de forma achatada sobre o cotovelo, até que o braço não trema mais, os dedos reencontrem a agilidade e o escrever com o cotovelo levantado já não lhe exija um esforço sofrido.

Pelo menos uma hora de exercício por dia desde os sete ou oito anos...

Escrever corretamente os caracteres chineses é uma arte difícil. Que dizer, então, da caligrafia, da qual voltaremos a falar mais adiante?

Originário da China, o amor à dificuldade é a característica invariável de todas as práticas do Extremo Oriente clássico. O que é fácil não tem nenhum valor. É a dificuldade que confere valor, que faz o valor da obra, do gesto, do rito, da arte, seja esta marcial ou plástica ou poética.

Procurar a dificuldade não é morbidez; é, pelo contrário, o caminho. O mestre de qualquer arte é aquele que conseguiu vencer as piores dificuldades, a tal ponto que aquilo que ele faz parece natural, simples, fácil, espontâneo. Por trás da perfeição caligráfica de um caractere desenhado em quinze segundos ocultam-se trinta anos de um trabalho pertinaz.

O Ocidente, durante toda a Modernidade, ou seja, desde a Renascença até os nossos dias, quis "libertar" o homem, o que, na prática, equivaleu a facilitar-lhe a vida, a facilitar-lhe todas as facetas de sua vida cotidiana.

Tudo deve ser fácil. Todo esforço é considerado penoso. Toda dificuldade encontrada tornou-se um obstáculo inadmissível, um defeito, uma falta de seriedade. O que não é fácil é malfeito ou malconcebido ou malpensado.

Mais dramaticamente, toda a pedagogia de nossas escolas baseia-se neste princípio tão elementar quanto estúpido: aprender deve ser fácil e sem esforço, aprender deve ser divertido. Pouco importa que o professor seja preguiçoso e ignorante, contanto que seja bom pedagogo, bom animador e brincalhão. Moral da história: esta escola fabrica 80% de bacharéis, sem dúvida, mas todos tão ignorantes e incultos quanto possível e totalmente alérgicos ao esforço; portanto, bem-preparados para engolir facilmente tudo o que os mercados de consumo em massa lhes propuserem. O vocabulário que eles dominavam reduziu-se de 2.000 palavras em 1980 a 800 palavras em 2005 (e a 300 nos bairros chamados "difíceis"). O analfabetismo progrediu, na população adulta, de 10% em 1970 para 17% em 2005. Ler, escrever e contar corretamente, que eram os pilares da escola de Jules Ferry, já não passam de lembranças que mexem com as emoções.

A cultura chinesa clássica é, muito pelo contrário, uma cultura da dificuldade, até mesmo um culto à dificuldade, um culto à dificuldade e ao esforço, ao domínio e à disciplina. Todo aprendizado sério é longo e penoso. Lembremos: tudo o que é fácil (e rápido) não tem nenhum valor. E lembremos também: para além do caminho seguido ou traçado, e do caminhante que por ele caminha, é o próprio caminhar que é o essencial e que confere sentido (e valor) tanto ao caminho quanto ao caminhante.

A palavra Tao significa também a "via"; portanto, o caminho, o percurso, o processo. Suscita uma dinâmica, um movimento, um esforço para superar as inércias e os obstáculos. Todo ser humano nasce preguiçoso: isto faz parte de sua natureza. Mas nada, jamais, deve encorajar ou alimentar esta preguiça inata. A vida deve ser um desafio permanente.

Pegar uma mosca no voo com pauzinhos de comer arroz, caligrafar todo um capítulo do *Tao-te king* sobre um confete com um pincel de um único pelo, desenhar um pinheiro de montanha numa paisagem de neblina assinalando cada um dos seus espinhos...

Fútil? Quanto ao resultado final, não se pode negar. Mas quanto ao processo, ao trabalho sobre si mesmo, à construção de sua própria vontade, de seu próprio autodomínio, de sua própria paciência? É uma coisa totalmente diferente.

E esta "coisa totalmente diferente" reintegra a vida humana, mesmo em sua cotidianidade mais banal, no cerne da interioridade mais íntima e mais profunda. Porque, no fundo, o que é realizar-se na vida? É "ter êxito" aos olhos dos outros, na aparência e no "sucesso" social ou financeiro? Ou não é, antes, na prática das grandes virtudes taoistas que estão a nobreza, a simplicidade, a sobriedade, a excelência, a fecundidade e a elegância?

Ter êxito na vida é construí-la pacientemente, dia após dia, em harmonia com o Tao, ou seja, na autorrealização interior e na paz exterior. Estamos aqui muito longe da aparência. O importante não é ser visto, mas ver. O essencial não é ser imensamente rico, mas tornar-se ricamente imenso.

O sábio do Tao é profundamente associal. Os outros não lhe interessam. O mais das vezes ele os despreza. O que move a maioria é, a seus olhos, pura futilidade. O olhar dos outros sobre ele não o toca absolutamente. Os monges taoistas errantes ilustram perfeitamente este desinteresse, eles que vagabundeavam, sujos e maltrapilhos, gordos e hílares, muitas vezes ébrios, arrotando seu desprezo e seus insultos na cara de todos os medíocres que povoavam seu caminho.

A sociabilidade é tão fútil para o sábio do Tao quanto é crucial, afetada, protocolar e rígida para o confuciano.

O pincel é um símbolo perfeito deste desapego, um instrumento que é tão simples, tão sóbrio em sua elegância e sua excelência, mas tão totalmente fecundo. Com um único pincel e um pouco de tinta, podem ser traçadas infinidades de universos, podem ser caligrafadas montanhas de perfeição, podem ser desenhadas imensidades de poesia. O que mais exigir? Um simples pincel basta para preencher perfeitamente e belamente toda a vida de um homem.

Todo o resto não passa de vaidade, diria o Coélet...

O pincel de pelos é para a caligrafia chinesa aquilo que o cálamo de junco é para a caligrafia semítica e aquilo que a pena de ganso é para a caligrafia ocidental.

Três instrumentos. Três culturas. Três filosofias de vida.

Pelos dos animais da Terra. Junco dos pântanos da Água. Penas dos pássaros do Céu. Três símbolos também.

A escrita é um mistério. Desenhar sinais. Primeiro, sobre as paredes das cavernas. Em seguida, na madeira, na areia, na pedra, na argila. Por fim, sobre o papiro, o papel, o pergaminho.

Registro de memória, a escrita é primeiramente mnemônica. Atenuar as falhas de sua memória oral sempre foi uma preocupação dos homens, porque os humanos compreenderam rapidamente uma coisa: a Natureza os fez fracos e frágeis, sem pelagem e sem carapaça, inábeis para a corrida e a escalada, dotados de uma força física bastante moderada e atingidos por uma incrivelmente profunda incapacidade para sobreviver ao nascimento. O homem é uma presa fácil para todos, do micróbio ao tigre.

É aqui que a memória se torna vital, já que é impossível prever (portanto, prevenir o perigo ou o risco) sem lembrança. O futuro não é senão a continuação do passado, de suas lógicas, de seus ciclos, de seus sinais. Captar estas mensagens do tempo é vital, uma questão de vida e de morte. E a memória da cabeça é tão volátil...

Por isso, manter registros é essencial: contar os dias, as luas, os anos, anotar os nomes, catalogar as coisas, assinalar os acontecimentos. Para acumular nossos conhecimentos sobre o mundo e seu devir, para integrar-nos nele, para compreender – que significa: tomar consigo – e, portanto, para transportar para o presente tudo aquilo que o passado urdiu.

Sem este pequeno tufo de pelos na ponta de um pedaço de bambu, nenhuma memória é possível, nenhuma sobrevivência é possível...

A TINTA

Tudo começou quando se dissolveu em água um pouco de ocre ou de cal, molhando nela as mãos ou os dedos – ou mesmo a extremidade de uma varinha – e aplicando tudo na superfície lisa de uma parede rochosa. A tinta só virá mais tarde. Mas a ideia permanece a mesma. Justamente para substituir o ocre ou a cal pela fuligem (proveniente da carbonização de madeira de abeto ligada à cola de origem animal).

O segundo e o terceiro "tesouros" do letrado chinês dizem respeito à tinta.

Em primeiro lugar, o bastão de tinta: a tinta da China se apresenta na forma de uma pedra negra. É preciso diluir um pouco dela em água para transformá-la num líquido apropriado no qual se molhará o pincel. Quanto mais a tinta é diluída na água, tanto mais se torna clara e fluida, ideal para as aquarelas.

Depois, existe a pedra para tinta, que é uma pedra rugosa côncava, sobre a qual se esfrega o bastão de tinta a fim de acumular ali um pouco de pó de tinta que será diluído com água.

O letrado que se prepara para caligrafar, para compor ou para pintar começa seu trabalho pela preparação minuciosa e paciente de sua tinta, com a consistência e a fluidez desejadas. Um trabalho preparatório que faz a ponte entre o tempo profano da atividade doméstica e o tempo sagrado da atividade criadora. Esta cesura temporal é notável, como uma passagem do instante dos homens para a eternidade do Tao. Em suma, uma ponte feita de serenidade e de calma, de silêncio e de concentração: muda-se de mundo para mudar o mundo.

Na tradição chinesa, caligrafia, poesia e pintura formam um todo, ao contrário das escolas artísticas ocidentais, que gostam de separar os gêneros.

A tinta está no centro destes três aspectos da expressão do Tao. A caligrafia fala à inteligência, a poesia fala à intuição e a pintura fala à sensibilidade. Juntas, estas três joias da cultura tocam todas as fibras da alma nobre.

A pintura chinesa é considerada uma espécie de ramo derivado da caligrafia. Para convencer-se disto, basta olhar os temas do bambu – ou até mesmo dos camarões ou dos cavalos – muitas vezes retomados nas obras clássicas.

O tema mais central – e o mais nobre – da pintura clássica chinesa é conhecido pelo nome de "montanha e água" (*shan shui*), no qual a arte do pincel e da tinta é usada para criar paisagens muito mais simbólicas e metafísicas do que figurativas. Na maioria das vezes, estas pinturas em preto e branco – a cor é pouco utilizada classicamente, e sempre em aquarela, porque a pintura a óleo só será introduzida na pintura chinesa sob influência ocidental no século XX –, estas pinturas, dizia eu, colocam no centro os dois temas da montanha yang e da água yin, numa composição cosmológica na qual a tradição taoista introduz às vezes um personagem humano, mas sempre minúsculo, discreto, perdido, como um detalhe insignificante, na profusão cósmica. "A insignificância do ser humano na imensidão do Tao" é um tema taoista forte e recorrente. O estilo *shan shui* (montanha-água) é o que mais nos convida a uma leitura do Tao. Sua composição cosmológica não deixa nada ao acaso e reflete, em tudo, o jogo do yin-yang e dos cinco elementos. Foi desenvolvido principalmente nos séculos X e XI da era vulgar, sob os Song.

Se quiséssemos traçar um paralelo com a história da pintura ocidental, seria necessário aproximar a pintura *shan shui* muito mais das escolas impressionistas, ou mesmo expressionistas, do que das escolas clássicas, figurativas ou realistas. A paisagem ali nunca é uma fotografia, mas antes a composição de uma sensação mística, a expressão de uma impressão cósmica (do sentimento oceânico de que falava Freud) ou a transcrição de uma emoção metafísica.

Muitas vezes está em ação ali o tempo, seja no detalhe das camadas geológicas, seja na evanescência das brumas em volta, seja na árvore – um pinheiro muitas vezes – que ali cresce, torcida, agarrada, como que por milagre, a alguma rocha improvável.

Ler uma obra *shan shui* é ousar um olhar místico e metafísico sobre as forças atuantes no Tao, sobre estas forças yin e yang que esculpem a realidade, que fazem surgir as montanhas duras e tórridas, que fazem espalhar-se as águas e as brumas, frias e misteriosas.

E, dentre elas, surge o terceiro plano, mesoscópico, apresentado na árvore isolada ou no bosquezinho de pinheiros ou no tufo de bambu. É a Vida que jorra do atanor secreto onde fervem lentamente o yang e o yin.

Estima-se geralmente que uma composição *shan shui* contém três elementos capitais: um caminho, a meta deste caminho e um núcleo. O caminho é tortuoso, errático, caótico. A meta do caminho é incerta, perdida numa sombra, numa dobra, num desvio. O núcleo da composição traz seu sentido, seu significado; o caminho conduz para lá o olhar.

Como sempre, o Tao é lido como um movimento, um processo, um caminhar; portanto, como caminho e caminhada. É o que nos dizem estas obras que são mais lidas do que contempladas. Este ponto é essencial. Como já foi mencionado, uma produção intelectual nunca tem como objetivo transmitir uma mensagem já pronta, mas lançar sementes no espírito daquele que a lê. A obra não é dada ou imposta, ela é oferecida e proposta.

O aparecimento de poemas sobre as pinturas chinesas é mais tardio. Demonstra o cuidado dos letrados de não separar suas três disciplinas: a caligrafia, a poesia e a pintura. Como falaremos da arte da caligrafia um pouco mais adiante, no capítulo intitulado "Estilo", debrucemo-nos aqui mais sobre a poesia chinesa.

A poesia é indissociável do pensamento chinês, porque antigamente, nas épocas clássicas, pensar é poetizar: pensa-se em poema, o pensamento é escrito poeticamente. Forma e fundo estão intimamente unidos. O fundo de um pensamento sem a forma de um poema seria mutilado, incompleto, truncado, amputado. E a recíproca é verdadeira: um poema magnífico, mas fútil ou simplesmente bonito, seria apenas vulgar. Sempre de novo, a lógica do yin e do yang prevalece e dita sua lei: o yang é aqui o pensamento borbulhante donde jorram as ideias, as imagens, os conceitos; e o yin é a forma poética que faz fluir as ideias nas dobras de seus meandros lascivos e doces.

O belo sem o forte não passa de insipidez. O forte sem o belo não passa de brutalidade.

Um autor anônimo escreveu com toda razão: "É preciso não esquecer que as palavras são monossilábicas numa língua tonal, que o poema chinês é antes de tudo um ritmo, um canto, e que, se houvesse diversas formas de poemas, por muito tempo praticamente não teria havido prosa".

O escrito chinês, sobretudo poético, é feito para ser falado, cantado, escandido, salmodiado. Prevalece a oralidade.

O poema mais antigo que se conhece é o dístico seguinte (tradução francesa de Marcel Granet):

Que peut me faire le gouvernant
Si pas de guerre je suis vivant.
(O que me pode fazer o governante
Se não estou vivendo nenhuma guerra)

A tinta que desenha o poema, o acompanha, o representa, o encarna pela dinâmica do gesto caligráfico. O poema, mais uma vez, não é um dado, algo compacto; é um traçado, um caminhar labiríntico ao longo dos traços dos caligramas. A pessoa não apenas lê ou pronuncia um poema, ela também o olha.

A arte chinesa repete, como uma lancinante e obsessiva antífona, o tema taoista da impermanência.

Nascimento e morte. Criação e desgaste. Construção e ruína. Paz e guerra. Amor e separação. Sombra e luz. Yin e yang que se sucedem e se seguem e se perseguem sem cessar.

Como que para exorcizar a vertigem desta corrida sem fim, a tinta da China, ela sim, é indelével. O traço desenhado permanece desenhado. Definitivamente. O papel é fino demais para permitir qualquer rasura que seja. Aliás, a estética a condenaria. Nada de borracha, tampouco. O que está desenhado permanece desenhado. O que está feito está feito. Nada se apaga. A memória cósmica, como a tinta de fuligem, é indelével, inapagável.

Tudo é definitivo!

Tudo é definitivo na impermanência. Paradoxo? Não. No máximo um oxímoro que, para além do aparente paradoxo das palavras, como sempre, transcende a dualidade. Definitivo *e* impermanente: o tempo não passa, ele se acumula como as camadas sucessivas do cerne do tronco de uma árvore, onde tudo é vivo, onde nada se apaga.

Paul Demiéville (1957), em seu prefácio à bela *Anthologie de la poésie chinoise classique* (Poésie/Gallimard – NRF – 1962), escreve o seguinte:

> Eis que há cerca de uns trinta séculos um grande povo, ao mesmo tempo o mais terra a terra e o mais sutil, comunga desta poesia que ele considera a expressão mais alta de seu gênio. Ali ele se regenera nas fontes; ali ele busca seu conforto, um embalo, uma espécie de enfeitiçamento que

se parece com a embriaguez, a magia ou o êxtase. Ponham-se, portanto, em estado de inocência, como o quer a melhor filosofia deste povo. Ponham de lado o cérebro! Considerem estes pequenos quadros como aquilo que eles são, a realidade imediata captada em mil imagens. Vocês verão desdobrar-se neles toda a vida humana, transposta por uma arte prestigiosa cujos meios de expressão são tão rigorosos e tão engenhosos que os temas permanecem próximos da natureza. Em tudo, por trás das palavras sempre concretas, vocês perceberão a imensidão dos espaços chineses, o cosmos respondendo ao homem, e também o surdo eco das profundezas que escapam à palavra. Pouco a pouco, vocês se encontrarão num mundo encantado, onde tudo é repouso, simplicidade, calma, e junto ao qual toda outra poesia vos parecerá puro palavreado.

O PAPEL

O quarto e último "tesouro do letrado", depois do pincel, do bastão de tinta e da pedra para tinta, é o papel de arroz.

O primeiro papel foi fabricado, muito tempo antes do homem, pela... vespa, que constrói seus edifícios suntuosos regurgitando um amálgama de celulose. Diz-se que, sob o rei fundador da dinastia Quin, no século III antes da era vulgar, o papel teria sido inventado à imitação das camadas brancas de espuma sobre os rochedos após as enchentes. Diz-se também, mais prosaicamente, que o papel foi inventado na China sob a pressão de um ministro da agricultura visionário.

Sem dúvida, o papel é o principal material sobre o qual era escrita toda a produção literária e administrava desde a China antiga, mas também a seda foi utilizada como material para a escrita ou a pintura com pincel e tinta, em vista de produções bem mais luxuosas. Da mesma forma que o papel de amoreira.

O primeiro documento de "papel" conhecido no Ocidente é um fragmento de um texto chinês recebido na Grécia no século II.

Note-se, igualmente, que o papel é o material de base de uma outra arte inventada na China e, em seguida, exportada para o Japão sob o nome de *origami* (do japonês *kami*, que é o "papel", e *oru*, que significa "dobrar"): a arte da dobradura e das figurinhas em papel. Esta arte derivou de uma das mais antigas artes populares, nascida no século VI antes da era vulgar, que em chinês se chama *jianzhi* (papel recortado), termo que reúne as técnicas de dobradura e de recorte do papel, nas quais, porém, predominava originalmente este último, o recorte.

Como última pequena precisão técnica, a fim de tornar certos papéis menos absorventes, os antigos chineses aplicavam neles pedra-hume.

Em relação aos outros materiais usados quase por toda parte desde muito tempo como base para neles escrever – como a argila, a pedra, a madeira e até mesmo o papiro feito de diversas camadas cruzadas de película do caule da planta chamada "papyrus" (seu nome grego latinizado) –, o papel se distingue por sua grande leveza e, portanto, por sua aparente fragilidade.

Estas duas noções de leveza e fragilidade impõem-se fortemente ao longo de toda a meditação sobre o Tao. Elas se juntam, evidentemente, à ideia de impermanência, tão central para a sabedoria taoista.

Leveza e fragilidade, impermanência, sabedoria... Todos estes termos remetem ao simbolismo chinês da garça, belo pássaro leve que, como que por acaso, é um dos temas mais frequentes da arte da dobradura do papel...

Como escreve lindamente Lililele, uma chinesa da França:

> A garça é um dos pássaros mais apreciados na China. Existem quatro variedades de garças: a

negra, a amarela, a branca e a azul. Junto com a fênix, é o pássaro mais presente nas lendas e pinturas chinesas.

Este pássaro era, de fato, considerado o patriarca de todos os animais alados e a montaria dos Imortais. As lendas contam que as garças podiam viver 600 anos e que antigamente eram homens que haviam sido transformados em pássaros, explicando assim por que elas se interessavam pelos negócios dos seres humanos.

A garça simboliza, na China, a longevidade. Assim, as pessoas muito idosas são ainda cumprimentadas com a fórmula *he-shou!*, que significa "longevidade da garça!" Encontravam-se desenhos de garças nos ataúdes dos defuntos, porque elas estavam encarregadas de levar sua alma nas costas em direção ao céu do Ocidente. Na cultura chinesa, a garça é também símbolo de sabedoria e elevação da mente.

Leveza e fragilidade, portanto...

Leveza e fragilidade, ao mesmo tempo que impermanência e imortalidade. Paradoxos ou, novamente, oxímoros?

Não existe impermanência sem leveza, porque o inverso da leveza é o peso e, portanto, a inércia que se opõe ao movimento e à mudança.

Da mesma forma, não existe imortalidade sem fragilidade, porque a imortalidade, no sentido do sábio do Tao, não é a imutabilidade eterna, mas, pelo contrário, a evanescência no fluxo vivo e criador do próprio Tao, eternamente recomeçado, eternamente nascendo e renascendo.

A fragilidade é a condição prévia da fluidez (o sólido é duro e frio e resiste à vida), assim como a leveza é a condição prévia da labilidade (o pesado é inerte e morto e nega a vida).

Sobre estes temas filosóficos de fundo, o Ocidente tem muita dificuldade de compreender – e mais ainda de aceitar – estas noções veiculadas pelo Tao e que postulam, para utilizar um pouco o jargão técnico da filosofia, um objetivismo radical, totalmente oposto ao subjetivismo fundamental que impregna boa parte da filosofia ocidental desde Sócrates e Descartes até Husserl.

Para compreender tudo isto, vejamos como um sábio do Tao estudaria os fundamentos do pensamento de René Descartes...

Todo o pensamento de Descartes está construído sobre este famoso ponto de apoio que é a primeira e única certeza diretamente acessível: "Eu penso, portanto eu sou" (*Cogito ergo sum*).

Esta certeza primeira, fundamental para Descartes, é absurda e falsa.

Ela é absurda na simples medida em que o primeiro termo ("eu penso") é um termo de movimento, já que todo pensamento é em primeiro lugar uma mudança, um jorro de uma ideia, de uma consciência, um encadeamento de ideias na consciência, e na medida em que o segundo termo ("eu sou") é um termo de imutabilidade, que postula o ser, ou seja, aquilo que não devém nem advém, aquilo que é o que é e o que ele é, aquilo que é absolutamente idêntico a si mesmo. A "certeza" cartesiana nos diz, portanto: eu mudo, portanto eu não mudo.

Esta certeza primeira é também falsa na medida em que postula o "eu" como parte integrante da evidência primeira. Ora, este "eu", ou seja, o ego, é um conceito extremamente elaborado que não tem nada de primeiro, já que o "eu" não pode se definir a não ser diante do outro, que, no processo da dúvida metódica e absoluta, ainda não existe e só poderá ser eventualmente levado em conta num segundo tempo. Colocar o "eu" no cerne da certeza primeira e fundadora equivale a já pressupor um dualismo implícito e ôntico de um "eu" diante do "não-eu". Se fosse preciso retificar o pensamento cartesiano, seria necessário substituir o "eu penso, portanto eu sou" por um "há pensamento, portanto há existência (ou seja, 'devir' e não 'ser')".

A certeza primeira de Descartes, para ter uma pequena chance de fundamentar qualquer coisa que seja, deveria tornar-se: "há pensamento, portanto há devir".

O "portanto" (*ergo*) levanta um problema, porque pressupõe uma inferência lógica do tipo "se isto, então aquilo" ou, ainda, "já que isto, então aquilo". Tanto no fundo quanto na forma, donde viria então esta implicação? Quanto à forma: se existe dúvida metódica e se nos colocamos bem a montante de toda outra consideração, em busca da certeza primeira, não podemos pressupor nada, porque esta pressuposição se tornaria *ipso facto* a certeza primeira tão procurada, ou a prova de que a dita certeza não pode existir, já que ela pressupõe alguma coisa que lhe é anterior ou com a qual está relacionada. Em outras palavras, precisar pressupor a existência, a validade e a evidência da lógica aristotélica como condição primeira da certeza primeira é simplesmente um absurdo.

Quanto ao fundo: mesmo não tomando em consideração o que precede e aceitando a lógica de implicação como pressuposto, não é possível, "logicamente", inferir um do outro os dois membros da proposição sem o indispensável recurso a uma terceira "evidência", parte integrante obrigatória da suposta certeza primeira. Em outras palavras, para estabelecer um elo lógico de inferência entre "pensar" e "devir" (ou, como na afirmação primeira de Descartes, entre "pensar" e "ser"), é preciso passar por definições precisas, unívocas e evidentes de "pensar" e de "devir" (ou de "pensar" e "ser", o que é ainda pior).

Ainda neste mesmo ponto, para que a proposição tenha sentido ou, mais exatamente, possa fundamentar alguma coisa de comunicável, de compartilhável, é preciso um pressuposto implícito impossível de expressar: possuir, de maneira evidente, clara, imediata, direta, unívoca, universal, absoluta – tanto em latim como em todas as outras línguas –, a definição de conceitos difíceis como "pensar" e "devir" ou "ser". Não é evidentemente o caso.

É preciso, pois, renunciar, tanto na forma quanto no conteúdo, ao "portanto" central da proposição cartesiana, que então se torna: "há pensamento, há existência", e não se compreende mais por que restam dois membros distintos sem nenhum elo evidente possível entre eles.

A esta altura, ou se conservam os dois membros da proposição e se ratifica uma opção filosófica, a do dualismo ôntico (é, aliás, a posição real de Descartes), ou se elimina um dos dois conforme seja falso ou redutível ao outro. Como é evidente que há ao mesmo tempo existência *e* pensamento, a redução se impõe. E ela não é muito difícil, porque "há pensamento" é uma das declinações possíveis de "há existência". Com efeito, o que é o pensamento senão o devir consciente dele mesmo? O pensamento se torna então uma das múltiplas modalidades possíveis do fato de existir e de devir (e não de ser, já que o ser é absolutamente imutável e o pensamento é processo, trâmite, fluxo, movimento, lineamento e, portanto, devir).

Já que há pensamento (como certeza segunda), a única formulação autenticamente plausível da certeza primeira de Descartes torna-se então "há devir" (não sendo o pensamento senão uma das modalidades particulares deste devir, modalidade que animava Descartes e anima o autor destas linhas).

O "há devir" pode ser compactado e permite então um "advém/acontece"[1], que fundamenta o real como jorro, como movimento e devir puros, como surgimento de existência, da qual participa totalmente e misteriosamente a própria escrita destas palavras.

O subjetivismo egótico de Descartes se transforma então num subjetivismo absoluto, cósmico, monista, henológico. O "sujeito inexistente" de "advém/acontece" [o "il" de "il advient"] é sujeito puro e tudo o que existe vem dele, participa dele e retorna a ele. Estamos aqui no próprio âmago das filosofias mais antitéticas a Descartes que possam existir, como o *Tao* ou o *Vedanta advaita*, por exemplo.

Este "sujeito inexistente" de "advém/acontece" [o "il" de "il advient"] não tem, evidentemente, nada a ver com o Deus de Descartes, que é um deus pessoal, fundamen-

---

1. Traduzimos por "advém/acontece" a expressão francesa "il advient". Nos próximos parágrafos até o final deste capítulo, o autor refere-se algumas vezes ao sujeito "il" da expressão "il advient" e faz algumas reflexões a respeito. Na fórmula "advém/acontece" da língua portuguesa, o sujeito é inexistente. Inexistente do ponto de vista gramatical; mas, do ponto de vista filosófico, poder-se-ia argumentar que existe um "algo", um "sujeito", mas que não existe ou não aparece na expressão gramatical do português. Para referir-nos a este "il" que existe como sujeito na língua francesa, mas que é inexistente como sujeito na língua portuguesa, procedemos da seguinte maneira. Adotamos a expressão: "sujeito inexistente" de "advém/acontece", acrescentando entre colchetes: [o "il" de "il advient"]. Esperamos que isto ajude a entender as reflexões do autor [N.T.].

tado sobre a absurda convicção idealista (porque não é nem uma prova "ontológica" nem uma evidência) de que, como o "eu" cartesiano que pensa é capaz de pensar a ideia de perfeição, esta perfeição deverá necessariamente existir (idealismo) e encarnar-se (teísmo) num Deus totalmente diferente, radicalmente e absolutamente estranho a tudo aquilo que veicula a mínima imperfeição, ou seja, radicalmente e absolutamente estranho ao mundo como ele é.

Muito pelo contrário, este "mundo real como ele é", sendo evidentemente um puro produto do "advém/acontece" (já que este mundo advém à existência a cada instante), é uma manifestação inseparável, indissociável dele. Isto fundamenta um imanentismo radical, estranho ao pensamento cartesiano.

O nosso "advém/acontece" fundamenta assim um monismo radical e nega radicalmente toda forma de teísmo, toda forma de idealismo, toda forma de dualismo. Toda a metafísica cartesiana é assim irremediavelmente refutada a partir das próprias premissas do pensamento de Descartes.

Concluindo toda esta exposição, vemos como se passa de uma visão egocentrada do "eu" cartesiano (do sujeito e, portanto, do subjetivismo) à visão taoista do "sujeito inexistente" ["il"] impessoal e objetivo (objetivismo, portanto), fonte, origem e fim de tudo aquilo que existe.

O ESTILO

Os caracteres chineses são conjuntos de traços, como vimos. Mas existe traço e traço. Existem mil maneiras de desenhar um caractere. Esta é a caligrafia chinesa, sempre em busca de dificuldade – o difícil é belo e só ele tem valor – e de formalização – toda disciplina, mesmo artística, só existe pelas regras que ela emprega.

Existe, portanto, um grande número de estilos – a rigor, um por calígrafo – dos quais um pequeno número é digno de fazer escola.

Os principais estilos caligráficos históricos receberam os seguintes nomes: Oráculo, Bronze, Selo e Grande Selo unificados mais tarde em Pequeno Selo, que quase não são mais utilizados, e Escriba, Regular, Semicursivo e Cursivo (este estilo, do qual gosto particularmente, é chamado também estilo "ervas loucas" – *caoshu* em chinês), que são todos usados hoje.

Apresento a seguir dois textos idênticos (o início do primeiro capítulo do *Tao-te king*, de Lao-tse) no estilo chamado "Regular" (o dos funcionários do Império) e no estilo "ervas loucas".

Em estilo Regular:

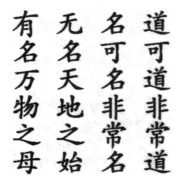

e em estilo "ervas loucas":

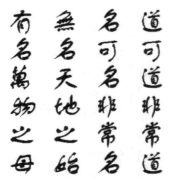

Olhando atentamente estes dois exemplares, compreende-se logo que é preciso um hábito sagrado e um olhar sagrado para reconhecer os mesmos sinogramas por trás destes caracteres (a leitura começa no alto à direita e desce em seguida, coluna por coluna).

O primeiro sinograma (canto superior à direita) é Tao!

Louis-Ferdinand Céline, plagiando o dito de Georges-Louis Leclerc, conde de Buffon, o grande naturalista de Montbard, escrevia: "O estilo é o homem".

Em nenhum lugar este aforismo adquire um sentido tão rico como entre os letrados da China, sobretudo taoistas.

O estilo taoista? Naturalidade, espontaneidade, simplicidade, sobriedade... habitualmente grosseiro com os rufiões, irônico com os poderosos, sempre livre como o ar e como as "ervas loucas".

Pois a sabedoria do Tao, à semelhança da filosofia grega tal como a descreveu magnificamente Pierre Hadot, é mais vivida do que falada. E viver é toda uma arte, caso se queira que esta vida esteja em harmonia com o Tao.

Estilo de vida. Arte de viver. É a mesma coisa. Cada vida é um caligrama sobre a tela do tempo. Em que reconheceríamos um autêntico sábio do Tao na cotidianidade da vida? Em sua liberdade de movimento e de palavra, sem dúvida. Em seu desprezo pelas instituições, pelas honras e pelas autoridades, também. Em seu desapego em relação aos homens e suas obras, com certeza.

Mas o que o distingue antes de mais nada é esta obstinação em reconduzir tudo a um único modelo: a Natureza! A Natureza enquanto manifestação pura e viva do Tao. Ele ama o estado selvagem. Ele foge do artificial. O homem do Tao, ao contrário de todos os outros, ou de quase todos, não tem medo da Natureza.

Pois o homem tem medo. E surgem, então, duas perguntas profundas: do que o homem tem tanto medo? E por que ele procura a resposta a este medo inventando para si mundos artificiais?

103

Do que o homem tem medo? De tudo! O homem é um animal medroso porque frágil, porque inapto para a vida chamada "selvagem", que não é senão a vida natural. O homem não tem nem pelagem, nem carapaça, nem dentes, nem garras. Além disso, ele é desajeitado para a corrida e a escalada. Por fim, ele precisa de anos e anos para aprender a manter-se de pé, alimentar-se, reproduzir-se.

Toda a ideia de "civilização" ou de "progresso" nasceu disto: a inaptidão humana para este mundo dito "selvagem", que, no entanto, não tem nada de cruel nem de feroz nem de perigoso nem de agressivo: viver na floresta é bem menos perigoso do que viver nos "bairros" de nossas cidades.

Mas é assim: o homem passou os últimos trinta mil anos transformando o mundo para fugir de seus medos da Natureza e seus supostos perigos. A civilização não passa de uma grande fuga diante do real.

Esta fraqueza, esta fragilidade humana alimentam, a partir de nossas entranhas, nosso medo do real. Inventamos, portanto, o ideal e, com ele, o idealismo e a ideologia. Já que o real nos causa medo, precisamos inventar para nós o irreal para nele nos sentirmos seguros, inventar para nós mundos artificiais que sejam bem-adaptados para nós. Mas a História nos recaptura: o mundo artificial que impusemos à Terra está matando-a e, portanto, está matando ao mesmo tempo a nós mesmos.

Por que, então, utilizamos nossa única arma válida – nossa inteligência – para combater nossa própria raiz: a Natureza? Por que não utilizamos esta famosa inteligência para nos adaptarmos, nós mesmos, à Natureza e às suas leis?

E eis que surge nossa segunda pergunta: Por que procuramos a resposta ao nosso medo do real inventando, para nós mesmos, artifícios? Por que inventamos para nós deuses ou espíritos ou forças que os nossos talismãs, e os nossos sacrifícios, e os nossos ritos, e as nossas preces supostamente nos tornam favoráveis?

Em palavras muito mais simples: Por que, como ensinam há muito tempo tantos sábios do Tao, nós não compreendemos que o único perigo para nós somos nós mesmos? Que nossos medos não passam de puros fantasmas, puros produtos de nossas imaginações paranoides? Que nada nem ninguém, exceto nós mesmos, pode arrancar de nossas entranhas estes medos absurdos que nos corroem como um câncer mental?

Em vez de viver em harmonia com o mundo e a Natureza tais como são, nós pervertemos nossa inteligência e saqueamos, destruímos, torturamos e ferimos de morte tanto o mundo quanto a Natureza. Por quê?

Porque o orgulho humano não tem limites. Porque nós nos consideramos deuses, esses deuses que nós inventamos e que, como acreditamos, possuem poder de vida e de morte sobre tudo aquilo que existe. E, como este medo que nos corrói não pode vir de nós mesmos, já que somos tão dotados, tão perfeitos, tão inteligentes, ele deve então vir de outro lugar, de fora de nós.

O que mata o homem é o orgulho.

O sábio do Tao só é sábio porque venceu todos os seus medos imaginários; porque recusa todos estes artifícios de exorcismo; porque pôde reintegrar-se na lógica do Tao, no *Logos* cósmico; e porque consegue viver ali simplesmente em harmonia com o Todo que ele tem em si e ao redor de si.

Isto lhe forja um estilo. Um estilo de vida. Uma arte de viver.

O SENTIDO

Ler um texto chinês, sobretudo um texto antigo, é um exercício difícil e perigoso. Existem para isto diversas razões, entre as quais, principalmente, o reconhecimento dos sinogramas, a multiplicidade de sentidos de um mesmo sinograma, a quase ausência de gramática e os efeitos da proximidade entre sinogramas. Retomemos tudo isto pela ordem.

Reconhecer um sinograma implica ou que a pessoa o conheça realmente porque antes já o memorizou muito bem, ou que ela saiba servir-se de um dicionário para ali encontrar o sentido a partir do número e da sequência dos traços que o compõem.

Cada sinograma possui diversos sentidos às vezes conexos, às vezes totalmente estranhos entre si. Como escolher? Como é fácil compreender, a leitura do chinês torna-se muito rapidamente uma interpretação, uma hermenêutica. É preciso sempre lembrar-se que, no Ocidente, a comunicação serve para transmitir uma informação, ao passo que na China ela serve para semear um pensamento. E isto muda tudo.

A gramática chinesa é surpreendente e singular, sobretudo para nós, ocidentais, cujas línguas são muito limitadas por regras sintáticas exigentes. No chinês, não há nada disto. Por exemplo, os verbos não são conjugados e permanecem sempre no infinitivo. Não se diz: "Eu bebo água". Diz-se: "Eu – beber – água". Os sinólogos dão a isto o nome de predicado simples. A frase chinesa típica é constituída por uma entrada (o tema que exprime aquilo de que se fala), por um corpo (o predicado que diz aquilo que acontece, tendo no centro o verbo) e por uma saída (partículas finais, que dão o contexto do discurso, como a evidência, a ironia, a dúvida etc.). Como é fácil compreender, uma tal língua implica estruturações de pensamento notoriamente diferentes das nossas. Se no Ocidente a pessoa raciocina, na China ela ressoa. Eis um belo tema de meditação que deixo de bom grado a meu leitor.

Por fim, para reforçar o todo, os efeitos de proximidade entre sinogramas implicam alusões, subentendidos, associações ocultas e sutis, proximidades de ideias e jogos de palavras que somente letrados perspicazes percebem e que para nós permanecem, o mais das vezes, totalmente estranhos. Perdoem-me todos os sinólogos sábios do mundo, mas alguém nunca se torna chinês, mesmo sendo um grande especialista da China ou da língua chinesa.

Ilustremos esta busca do sentido do texto por meio de um exemplo famoso: o primeiro capítulo do *Tao-te-king* de Lao-tse, já utilizado como ilustração dos estilos caligráficos.

Retomemos o texto primeiro em chinês no estilo regular.

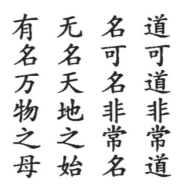

E lembremos que o texto é lido por colunas sucessivas, descendo cada coluna e começando pelo sinograma Tao, no alto à direita do texto.

Palavra por palavra, o texto dá o seguinte, sinograma por sinograma, na ordem original:

Tao – possível[2] – Tao – contrário – sempre – Tao
Nome – possível – Nome – contrário – sempre – Nome
Sem – Nome – Céu – Terra – como – Origem
Com – Nome – dez mil – Coisa – como – Mãe

A tradução que eu, modestamente, dou seria a seguinte:

O Tao que pode ser tao[3] é contrário ao Tao de sempre.
O Nome que pode ser nome é contrário ao Nome de sempre.
Sem nome: origem do Céu [e] da Terra.
Com nome: mãe das miríades de coisas.

---

2. Este sinograma prefixado equivale ao nosso sufixo "ável": que é capaz de, que pode ser etc.
3. Lao-tse está familiarizado com este gênero oximórico. Aliás, ele escreve: "O belo que todo o mundo chama de belo, isto é a sua feiura".

O que pode ainda ser traduzido, mais literariamente, por:

O caminho caminhável é contrário ao caminho de sempre.

O nome nomeável é contrário ao nome de sempre.

Sem nome, ele é a origem do céu e da terra.

Com nome, ele é mãe das miríades de coisas.

Eis outras traduções dadas por especialistas.

J.J.-L. Duyvendak traz:

O Caminho verdadeiramente Caminho não é um caminho constante.

Os Termos verdadeiramente Termos não são termos constantes.

O termo não-Ser indica o começo do céu e da terra.

O termo Ser indica a mãe das dez mil coisas.

Liou Kia-hway traz:

O Tao que poderíamos exprimir não é o Tao de sempre.

O nome que poderíamos nomear não é o nome de sempre.

O sem-nome: a origem do céu e da terra.

O tendo-nome: a mãe de todos os seres.

Marcel Conche traz:

O caminho que se deixa exprimir não é o Caminho de sempre.

O nome que se deixa nomear não é o Nome de sempre.

O Sem-Nome: a origem do Céu e da Terra.

O Tendo-Nome: a Mãe de todos os seres.

Stanislas Julien traz:

O caminho que podemos definir não é o Tao, o Caminho eterno.

O nome que podemos pronunciar não é o Nome eterno.

O que não traz nome, o não-ser, é a origem do céu e da terra.

O que traz um nome é a mãe de tudo o que nós percebemos, coisas e seres.

Eulalie Steens traz:

O Tao que podemos dizer não é o Tao permanente.
O nome que podemos nomear não é o nome permanente.
Sem nome: começo dos dez mil seres.
Com nome: mãe dos dez mil seres.

Léon Wieger (padre jesuíta) traz:

O princípio que pode ser enunciado não é o que foi sempre.
O ser que pode ser nomeado não o que foi desde sempre.
Quando era inominável, ele concebeu o céu e a terra.
Depois que assim se tornou nomeável, ele deu à luz todos os seres.

Este último exemplo, por sua tentativa exagerada de "recuperação" cristã do texto, mostra o quanto a língua chinesa deixa portas abertas a interpretações das mais estritas às mais... extravagantes.

Epílogo

A atualidade do Tao

Ler o Tao...

Ler o Tao, como ler a Torá, traz à mente dois livros abertos e inspirados: a Natureza e a Cultura.

O livro da Natureza com os pequenos personagens ridículos que se consideram reis e que saqueiam e pilham tudo.

O livro da Cultura com os grandes filósofos extasiados que não se consideram reis e que amam e respeitam tudo.

Do lado da Natureza: a Vida que flui, jamais a mesma, sempre mutante, em construção e sob tensão entre yang e yin, entre Fogo e Água, diria Heráclito de Éfeso...

Do lado da Cultura: alguns livros importantes, belamente caligrafados em colunas sucessivas: pincel, tinta, papel para desenhar sinogramas belos e profundos...

Do Lado da Natureza: olhar tudo, escutar tudo, sentir tudo...

Do lado da Cultura: ler tudo, meditar tudo, viver tudo...

Estamos vivendo o fim de uma época, nós que estendemos a Modernidade a todo este pobre planeta que não pedia nada. Tudo muda. E tudo mudará mais ainda no decurso dos próximos dez anos. Nós vivemos o fim de um mundo. Nós mudamos de mundo.

E a filosofia do Tao está ali para nos ajudar, para nos ajudar a dar o adeus definitivo a estes ídolos que tanto havíamos adorado, vestido ridiculamente com nomes bárbaros: industrialização, hiperconsumismo, massificação, financeirização, urbanização, padronização, socialização, democratização, comercialização, dessacralização, laicização etc.

A Modernidade queria o "progresso" do homem através da "libertação" do homem. Ela não libertou senão os caprichos medíocres e vulgares das massas. Infelizmente!

A sabedoria do Tao, porém, repete há mais de três milênios: o homem contra a Natureza não pode senão morrer de tédio e de violência, o homem através da Natureza sabe viver feliz e conhecer a alegria de devir.

Tudo consiste em equilíbrios e transformações incessantes. Tudo é movimento: equilíbrio no desequilíbrio.

Nos próximos parágrafos, percorreremos os princípios fundamentais da filosofia do Tao, colocando em evidência sua grande atualidade em relação às angústias de nosso mundo e de nossa época atual.

Embora estejam muitas vezes um pouco desacreditadas, utilizarei muitas vezes, como título, as palavras que me são oferecidas pelo vocabulário técnico da filosofia, estas famosas palavras terminadas em *ismo*, que hoje em dia, nos salões de amadores, é de bom-tom depreciar. Por quê? Simplesmente porque estes termos técnicos são mais unívocos do que as imprecisões dos diletantes.

112

Naturalismo...

O naturalismo é a doutrina filosófica, e até mesmo metafísica, que afirma que o sobrenatural não existe, que não existem além-mundos, que tudo aquilo que experimentamos por nossos sentidos, nossas intuições, nossos pensamentos, nossas relações e interações, são outras tantas manifestações deste real que é o único real. Não há, portanto, nenhuma necessidade de recorrer à hipótese de algum Deus pessoal ou de algum panteão etéreo, fora do mundo. O naturalismo, neste sentido, é a antítese radical de todos os teísmos que inventam para si um Deus pessoal, de uma natureza diferente da Natureza.

A história da metafísica conheceu muitas correntes naturalistas (que o cristianismo englobou sob o rótulo de "paganismo"): desde o materialismo mais dessacralizado e dessacralizante até ao panteísmo (Tudo é Deus) dionisíaco ou ao panenteísmo (Tudo está *em* Deus), que seria antes a doutrina de Spinoza com seu *Deus sive Natura* ("Deus, ou seja, a Natureza", ou, lembrando que *natura* é o particípio futuro do verbo *nascor* ["nascer"]: "Deus, ou seja, aquele que está para nascer").

Mas, prestemos atenção: em sua maioria os naturalismos (e, em particular, o naturalismo taoista) não são nem ateísmos materialistas nem materialismos ateus. Muito pelo contrário: a Natureza assume, aos olhos de seus devotos, um estatuto sagrado de altíssimo nível, que impõe o respeito e a admiração: tudo é milagre, tudo é santo. O sábio do Tao venera a Natureza como uma divindade suprema e sagrada, já que ela manifesta o Tao, que é o fundamento último de tudo o que existe. A Natureza é a obra do Tao. O Tao é o motor da Natureza. Os dois se correspondem como o yin (a Natureza que manifesta) e o yang (o Tao que se manifesta).

Nesta visão naturalista, o mundo dos homens é parte integrante e interessada da Natureza e tem um papel a desempenhar nela, uma missão a cumprir. O homem só adquire sentido e valor por aquilo que ele faz na Natureza (no Tao), por ela (ele), com ela (ele). Estamos aqui nos antípodas do humanismo ocidental que faz do homem o centro, o ápice, a meta e a medida de todas as coisas.

Não é exagero afirmar, com o risco de ferir a sensibilidade modernista, que a sabedoria do Tao é um anti-humanismo: o homem é apenas um utensílio, um instrumento do Tao, que o Tao fez surgir a fim de que participe, de acordo com suas especificidades, da realização do Todo. O homem é apenas um dos numerosos operários no canteiro de obras cósmico. Repitamos: o homem só adquire sentido e valor por aquilo que ele faz. Em si mesmo, por si mesmo, ele não é nada e não vale nada. Totalmente nos antípodas do personalismo cristão ou levinasiano, a sabedoria do Tao nega ao humano toda dignidade intrínseca, inalienável e definitiva: a dignidade é merecida, no cotidiano, pelos atos, pelas obras.

O naturalismo taoista convida a lançar um olhar cheio de poesia e de ternura sobre as menores manifestações da Natureza e da Vida. Numa palavra: a Vida é o Caminho. E toda vida, toda existência é preciosa e maravilhosa. Êxtase permanente...

Êxtase diante de uma pétala de flor de ameixeira. Êxtase diante de uma gota de orvalho sobre uma teia de aranha. Êxtase diante da névoa furtiva de uma cascata ao nascer do dia. Êxtase diante das manchas de névoa numa manhã de primavera.

Tudo é uma questão de olhar: ao ocidental atarefado, que só contempla o seu umbigo, o sábio do Tao propõe um novo olhar sobre o mundo e a vida, um olhar não mais egocentrado nem antropocentrado, mas antes cosmocentrado. "Olhe o mundo com os olhos de Deus", diria ele, desde que esta palavra "Deus" adquira o sentido que lhe dá Spinoza.

A Vida é o Caminho...

Não só a vida espiritual do espírito, mas a vida em sua plenitude, em todas as suas dimensões, em todas as suas expressões.

No fundo, este vocábulo misterioso que a palavra *Tao* continua sendo poderia muito bem ser traduzido por "Vida", contanto que a escrevamos com maiúscula e nela incluamos todas as vidas singulares e particulares, todas as existências, contanto que consideremos a Vida no sentido cósmico, universal, global e total: a Vida, então, designa toda a dinâmica do Todo a caminho de sua realização e sua conclusão.

Naturismo...

Reconheço estar empregando aqui a palavra "naturismo" num sentido pouco comum, já que não se trata apenas de nudismo e outras práticas "naturais", e sim, mais profundamente, mais filosoficamente, da arte de viver em conformidade com a Natureza, arte que esteve no centro de todas as filosofias pré-socráticas, estoicas e epicuristas.

Viver em conformidade com a Natureza: é, no fundo, a única ética fundamental do sábio do Tao. Não se deve ver aqui uma repetição qualquer do mito rousseauniano do "bom selvagem" ou alguma vaga nostalgia do "retorno às fontes". O não-agir (*wu-wei* em chinês) é a noção taoista que melhor ilustra este naturismo profundo. A ideia central, como já foi exposto, afirma que, para viver livre e sereno na Natureza, a única condição é aceitar, não por fatalidade, mas com alegria, o real e suas leis tais como são: é o *Amor fati* de Nietzsche, seu "grande sim" ao real. A liberdade do homem começa com a aceitação do real. A imagem pertinente, a respeito deste ponto, é a do nadador na corrente do rio. Se ele nada contra a corrente, ele se esgota e se afoga; se nada com a corrente, ele vai para onde quiser, sem fadiga.

Com certeza, os espíritos inquietos pedirão que definamos este conceito de Natureza, que, na cultura dos homens, adquiriu, com efeito, muitos sentidos diversos há tantos milênios. Eu tomaria, portanto, esta noção em seu pleno sentido taoista: a Natureza é o conjunto de todas as manifestações do Tao. O mundo dos homens torna-se, assim, uma parte ínfima da Natureza.

O que caracteriza a Natureza é principalmente sua coerência, reflexo da lógica interna única e firme do próprio Tao. É esta coerência que admiramos ao extasiarnos diante do espetáculo da Vida e das vidas. É esta coerência que subjuga ao mesmo tempo o físico e o místico. É esta coerência que fundamenta a noção taoista central de harmonia – viver em sintonia com esta coerência – e que permite a fundação de uma ética – viver em harmonia com ela.

Pois a ética – do grego *ethos*, que significa "comportamento" – não é senão a vontade e a busca individuais de harmonização daquilo que se faz com aquilo que há por fazer, ou seja, com aquilo que a lógica cósmica do Tao espera. Eis o que é "viver em conformidade com a Natureza".

Não se trata – sobretudo – de valores morais, de moralidade, de moralismo ou de moralização. A moral não passa de um amontoado de preconceitos normativos que constituem apenas o reflexo dos caprichos dos tiranos de certo lugar e de certa época (e as massas populares podem ser um tremendo tirano democrático).

Não. Nada de moral! O taoismo desenvolve uma ética amoral.

Ética amoral? Sim. Um comportamento em harmonia com a Natureza, a ser construído e reconstruído a cada instante, sem preconceitos nem normas, sem tabus nem totens. Não se trata de aplicar uma lei, mas de transformar em lei a impermanência e a ausência de lei.

Apologia da adaptabilidade, portanto. Cada situação exterior é única. Cada intenção interior é única. A vida se tece pelo encontro permanente, em cada aqui-e-agora, destes dois componentes: um "dentro" que deseja ou rejeita, e um "fora" que oferece ou resiste.

Viver de acordo com a Natureza, em conformidade com ela, equivale, no fundo, a permitir este diálogo contínuo, esta dialética contínua. Pois "dentro" e "fora" não são senão duas manifestações complementares do mesmo e único Tao. As fronteiras aparentes entre eles não passam de efeitos ilusórios, factícios e artificiais de nossa própria finitude.

Nós somos a Natureza. Toda a Natureza está em nós, vive por nós, como que por um efeito holorâmico inaudito que fundamenta, aliás, toda possibilidade de conhecimento do real.

Este último ponto merece uma palavra rápida de explicitação: o que é conhecer e compreender? É entrar em ressonância com o objeto a conhecer; é colocar as ideias (o termo grego *eidos* significa "forma") de nossa mente "em sintonia" com as formas (estruturas, organizações, trajetórias, transformações) do "outro". Mas para poder encarar esta ressonância, para poder conseguir esta sintonização, é preciso que esta mente que busca compreender e este objeto que ela quer compreender sejam partes integrantes de um mesmo todo, sejam da mesma "natureza", participem ambos da mesma lógica, não sejam totalmente estranhos um ao outro. Só pode haver conhecimento na proximidade, na consanguinidade essencial.

Ao afastar-se da Natureza para fechar-se em seus arrogantes artefatos, o homem moderno não sabe que se torna estranho ao Real e que, portanto, se torna incapaz de conhecimento, apesar da acumulação dos conhecimentos parciais e partidários que ele considera ciência.

Hilozoísmo...

A palavra "hilozoísmo" deriva de duas palavras gregas antigas: *hylê*, que é a "matéria", e *zôon*, que é a "vida". Juntas, estas duas raízes nos dizem que a matéria é viva, que tudo o que é material é vivo, que a vida é universal, que tudo é animado por uma alma específica que não passa de um avatar local da Alma cósmica.

O espírito da cascata ou da árvore bem vale o espírito da minha vizinha de porta: tudo é movido pelo Espírito universal que é a essência do Tao. Nada é inerte ou inútil ou neutro, porque tudo manifesta o Espírito do Tao e dele participa.

Esta visão desemboca numa forma de animismo que frequentava os espíritos da China arcaica (à qual se deve o *Yijing*, o "Clássico das Mutações"). A sabedoria taoista a retomou, mas eliminando-lhe as superstições populares que nela se haviam introduzido. O Zen japonês fará a mesma coisa com os *kamis* do xintoísmo animista tradicional.

O grande fundamento de todo o pensamento taoista – e de seus rebentos – é a impermanência: tudo muda o tempo todo, tudo se transforma continuamente, tudo nasce, cresce, amadurece, declina e morre... e renasce... sem fim. Mas esta impermanência não é caos, não é desordem, não é dispersão entrópica. Existe, por trás destas mudanças incessantes, como vimos, uma coerência, uma lógica e um *Logos* e, portanto, uma organização complexa e sutil, estruturas e processos estruturados. Esta transformação perpétua e organizada se chama a Vida, no sentido mais profundo e mais geral do termo.

A Vida, no fundo, em seu sentido cósmico, reflete o perpétuo jogo do yin e do yang, da sombra e da luz, do lado da montanha exposto ao sol e do lado exposto à sombra (são estes os sentidos etimológicos de yin e de yang). Uma tensão entre nascimento e morte, entre o "dentro" da vida da pessoa e o "fora" da vida do mundo, entre o bom e o mau, entre o desejo e a repulsa, entre o inspirar e o expirar (toda a arte da meditação e das técnicas marciais não se focaliza na respiração e seu harmonioso domínio?), entre o projeto e o obstáculo.

Em suma, a Vida como dialética universal, como tensão, jamais relaxada e muito hegeliana, entre um "dentro" que aspira e um "fora" que inspira, e cuja resolução dá o próprio movimento da Vida.

Por que, então, não chegamos mais a amar verdadeiramente a Vida, a considerá-la pelo que ela é: um milagre improvável, cotidianamente reconduzido? Penso sinceramente que nosso culto aos nossos próprios artefatos, às nossas próprias técnicas, nos afastou a tal ponto do Real – e, portanto, da Vida no sentido cósmico, no sentido de Natureza – que a eliminação massiva deste Real das nossas existências em benefício de fantasmas ou ideais ilusórios e nossa voluntária e organizada cegueira ao sofrimento, à dor e à morte nos tornaram quase totalmente estranhos ao Real e à Vida.

A vergonhosa eliminação da morte é o símbolo mais flagrante de nossa recusa da Vida real. Porque a Vida inclui, no mais profundo, no mais íntimo, tanto o nascimento quanto a morte, essenciais e indispensáveis tanto um como a outra. O sonho de eternidade é absurdo? O que confere valor e preço, gosto e sabor à existência é sua finitude. A eternidade, passado o curto momento da descoberta e da surpresa, não seria senão um imenso e definitivo tédio mortal.

O taoismo, por sua vez, ama a Vida. Não só como epicureu. Ele ama a Vida como místico da Vida, num êxtase contemplativo e maravilhado. Ele ama a vida e, portanto, aceita e bendiz a morte, quando ela é suave, quando a vela, depois de consumir toda sua cera, se apaga tranquilamente, serenamente, calmamente: tudo está acabado e concluído. Paz!

O Ocidente, em geral, compreendeu mal esta busca de imortalidade que é um dos fios condutores do taoismo mais tardio. Não se trata de maneira alguma de viver eternamente, mas de encontrar-se, aqui e agora, com o que há de imortal no fundo das coisas, da Natureza, do cosmos e da Vida: o Tao. A busca de imortalidade equivale a ultrapassar a finitude da existência para entrar sem dificuldade na imortalidade da própria Vida do Tao. Ali, o ego se dissolve. Ali, a alma individual se funde com a Alma cósmica. Ali, adquire-se a plenitude absoluta. Ali, o espírito se encontra definitivamente com o Espírito para se confundir com ele.

Monismo...

Tudo é Um. Tudo é causa e efeito de tudo. Tudo está interconectado com tudo. Tudo está ligado a tudo. Tudo é interdependente de tudo.

Esta ideia está presente por toda parte no espírito do Tao – que é único e unitário –, embora ocupe menos o centro da cena metafísica do que o faz, por exemplo, na Índia, no *vedanta advaita* (a doutrina da não-dualidade absoluta e radical tal como é enunciada por Shankara, por exemplo).

Este monismo taoista não aparece espetacularmente; não porque seria subsidiário, mas porque constitui uma evidência a respeito da qual nos perguntamos por que se deveria tecer comentários.

O Tao é um só. A Natureza, que é a manifestação deste Tao único, é, portanto, uma só. Carregada por um *Logos* único. Tudo aquilo que existe emana totalmente do Tao e, portanto, pertence totalmente à Natureza, participando totalmente deste *Logos*. Onde, então, está o problema?

O problema só existe para nós, ocidentais, forjados e deformados por um contexto metafísico dualista desde mais de dois mil anos. Platão – retomado pelo cristianismo, que fez dele um dos seus principais pilares – estabeleceu a mais abjeta aberração do pensamento filosófico: o dualismo ontológico indispensável para salvar seu idealismo filosófico.

Já que o homem pode imaginar – e se trata justamente de um imaginário – a perfeição de todas as coisas e, portanto o ideal, é preciso que exista um mundo diferente deste mundo aqui – o único aos olhos do Tao – para "conter" e entreter estas Ideias de idealidade. É justamente este o fundamento absurdo do platonismo. Esta ideia de perfeição e de idealidade, absorvida pelo cristianismo, permitiu a Anselmo – retomado por Descartes e Leibniz – "provar" a existência do Deus pessoal, criador do mundo, mas estranho a ele: já que o homem tem a Ideia de perfeição, esta perfeição deve existir em algum lugar. Mas, como nada é perfeito neste mundo, é preciso então que esta perfeição exista alhures, fora deste mundo. Portanto, Deus existe. QED (*quod erat demonstrandum*).

Este tipo de raciocínio ridículo hoje provavelmente despertaria risos, se não fosse ainda o fundamento de toda a teologia católica, por exemplo.

Basta, no entanto, esgravatar um pouquinho este conceito de perfeição para compreender que ele não tem rigorosamente nenhum sentido.

Se a perfeição está ligada à Ideia de realização e de plenitude completas, então o excremento de um cachorro é perfeição.

Se a perfeição está ligada à ideia de beleza sublime, então é forçoso ver – e o veremos novamente – que toda a beleza que o homem reconhece é oferecida pela Natureza e que não há nenhuma necessidade de ir procurar alhures sua fonte.

Se a perfeição está ligada à ideia de absoluto, então o Todo-Um fornece um absoluto real e imediato, que torna inútil todo além-mundo que não trouxesse nada mais à sua perfeição.

E se a ideia é que Deus é perfeição e faz tudo com perfeição, então este mundo, feito por Deus, é perfeito (é, aliás, a tese de Leibniz); mas, neste caso, por que precisar de Deus?

Metempsicose...

Cada existência particular participa totalmente e exclusivamente da Vida una e imortal. Cada espírito particular participa totalmente e exclusivamente do Espírito cósmico. Cada alma[4] individual participa totalmente e exclusivamente da Alma universal.

Estas três proposições não formam senão uma só. O particular emana do global anterior a ele e retorna ao global posterior a ele. Nós somos todos uma onda no oceano da Vida, na superfície do Tao.

---

4. Para que não surja nenhum mal-entendido a respeito deste conceito de "alma", que o cristianismo deformou fortemente ao ponto de fazer dele uma espécie de entidade mágica e etérea, distinta do corpo, lembremos que a etimologia latina de "alma" remete a *anima*: "aquilo que anima".

Mas é preciso tirar todas as consequências desta asserção: dizer que a alma individual – aquilo que nos anima a partir do interior, aquilo que suscita e alimenta nossa vocação pessoal – vem da Alma cósmica e para ela retorna, como todo o resto, não é uma afirmação neutra. Para compreender isto, procuremos perceber que o Tao é, antes de tudo, uma intenção, uma intenção de realização pessoal, de autorrealização em plenitude. Esta intenção universal e eterna constitui sua Alma profunda e única: ela se identifica com aquilo que a anima em todas as suas manifestações.

É preciso, agora, introduzir o conceito, proveniente da biologia e, mais particularmente, da biologia da evolução das espécies, que traz o nome de *phylum*. Um phylum é, no fundo, uma ramificação particular da árvore da evolução. Cada phylum surge de um phylum anterior, mais "grosso", e produz muitos phyla secundários, mais "finos". Assim, minha pequena pessoa é o raminho minúsculo saído do phylum de minha família, este saído do phylum judeu, este saído do phylum *homo sapiens demens*, este saído do phylum antropoide, este saído... Esta série imensa remonta à primeira célula de alga azul e, a montante, aos minerais saídos do magma terrestre, às reações nucleares estelares e ao *big-bang*: ela representa a árvore global da manifestação do Tao. E meu pequeno raminho pessoal, a jusante, perpetuou a dinâmica lançando ao mundo, diria Heidegger, quatro ramos, que...

É preciso ainda explicar que cada phylum transmite sua própria memória, constituída pela acumulação de todos os feitos e proezas, de todas as particularidades e especificidades, de todos os indivíduos que o constituíram enquanto viveram. Em outras palavras, por esta memória acumulada, cada phylum traz uma alma específica, que ele transmite de um indivíduo a outro ao longo de suas arborescências. Podemos, então, falar da alma de uma pessoa, que exprime à sua maneira a alma de uma família, que manifesta a alma de um povo, que manifesta a alma humana, que manifesta a alma da Vida, do universo, do cosmos e, *in fine*, a Alma do próprio Tao.

Poderíamos chamar esta visão filosófica de "filetismo". É a visão do pensamento taoista. Ela introduz duas consequências importantes na cultura chinesa tradicional: o cuidado das genealogias e o culto aos antepassados.

O cuidado das genealogias brota da ideia crucial de que cada pessoa não passa de um elo na corrente de transmissão entre seus pais e seus filhos. Transmissão material (os patrimônios de profissão, de posses ou de atividades) e imaterial (as tradições, os particularismos, as idiossincrasias, os conhecimentos e memórias específicas). A tradição chinesa se coloca como antítese do individualismo tão caro ao Ocidente: o indivíduo só adquire sentido e valor como veículo de transmissão de uma memória – no sentido mais amplo – de uma geração à geração seguinte. Fora disto, o indivíduo só é desprezível e insignificante e o individualismo é a pior das grosserias e das incongruências. Pensar em si é simplesmente indigno. Esta ideia forja sobretudo a ossatura mais central do confucionismo; o taoismo, por ser libertário (ver mais adiante), toma maior distância em relação a ela.

Todo o cômputo do calendário da história chinesa baseia-se na sucessão das dinastias ducais, reais e imperiais; é um outro exemplo flagrante da importância do princípio genealógico.

Se a abnegação individual em benefício da transmissão intergeracional é mais tipicamente confuciana, o culto aos antepassados impregna muito fortemente a tradição do Tao.

125

Através do culto prestado aos antepassados é a consciência e continuidade filéticas que cultivamos ao venerá-los.

Quando não sei para onde eu vou – o que, fora a questão da morte, é justamente o quinhão de todo ser humano normalmente são de corpo e de espírito –, é imperioso saber claramente donde venho.

É imperioso reconhecer, nesta vocação que brota de minha alma, a manifestação específica de uma alma maior, mais profunda, mais rica. É imperioso então cultivar esta "grande alma" para que a minha possa nela recarregar as energias, nela alimentar-se.

Está aqui todo o fundamento daquilo que podemos chamar – com alguma aproximação verbal, reconheço-o – de metempsicose[5] taoista: o princípio de transmigração das grandes almas coletivas através das pequenas almas individuais, mortais e epifenomenais.

---

5. Não se deve mais confundir a transmigração das almas (cabalismo, pitagorismo, vedantismo, que expressam a fé na profunda unidade do Todo, da Vida, do Cosmos) com a reencarnação (budismo, lamaísmo) ou com a ressurreição (cristianismo, rabinismo). Estas duas últimas doutrinas se referem a um ego que ou se apodera de outro corpo para realizar-se, ou recomeça uma nova vida em seu próprio corpo. A transmigração das almas (ou metempsicose) implica, ao contrário, a negação do ego, que é apenas um veículo momentâneo de uma continuidade impessoal – um phylum, uma intenção, uma alma, uma forma etc. – visando sua própria realização para além dos indivíduos que ela habita, durante o tempo de uma vida. Neste sentido, toda alma (de *anima*: aquilo que anima) é imortal e impessoal e participa da Alma cósmica, da qual ela é apenas um rebento particular, um avatar específico. Não existe aqui nada de sobrenatural. Trata-se apenas de compreender bem que tudo o que existe não passa de um portador momentâneo de uma intenção que o ultrapassa. Para descobrir a natureza desta alma impessoal, mas específica, que nos habita durante o tempo de uma existência, é preciso encontrar em si a resposta às seguintes perguntas: Qual é a minha vocação própria (aquilo que me chama)? Qual é a minha missão precisa (aquilo que me envia)?

Estetismo...

A cultura chinesa, mais que qualquer outra, sem dúvida, é amante da Beleza. A sabedoria taoista também, contanto que seja sóbria e despojada, natural e espontânea. A arte taoista – que produziu um digno descendente: a arte zen – ama a Natureza, sem dúvida. O que há de mais liso, simples, sensual, brilhante, delicado, vivo do que um caule de bambu...

O que há de mais cósmico e encantador do que uma paisagem rochosa na neblina, donde sai, não se sabe como, um ramo de pinheiro com espinhos longos e flexíveis...

E sempre, nestas paisagens cheias de vida e de mistério – como o próprio mundo e a própria existência –, quando aparece ali um personagem humano, ele é minúsculo, como que perdido à margem da imensidão. Evocação, sem dúvida, da realidade da condição humana.

Porque a arte taoista não é apenas bela, ela é significativa. Nada está ali por acaso, apenas para fazer bonito. Tudo é símbolo. Esta pregnância do pensamento simbólico está onipresente na cultura chinesa. Isto faz parte, evidentemente, da própria natureza da linguagem chinesa, da língua dos sinogramas, dos quais nenhum tem realmente sentido em si, por si. Tudo precisa ser interpretado. A hermenêutica é o centro do pensamento chinês. Quando se fala, quando se escreve, não é nunca, como já disse, para transmitir tal qual e intacta uma verdade já pronta. Fala-se e escreve-se para lançar sementes no espírito do outro que ouve, que lê. Pouco importa aquilo que o artista ou o autor "quis" realmente dizer. O essencial está em outro lugar. Na fecundidade da obra, em sua capacidade de suscitar pensamentos novos, belos e verdadeiros.

Esta lógica da fecundação está, sem dúvida, nos antípodas de nossa lógica da argumentação. Nós queremos ter razão, nós argumentamos: nosso discurso é sempre conquistador. É preciso convencer e, portanto, vencer. O discurso de um letrado taoista não é desta natureza. Ele não visa convencer, mas iniciar. O sábio sabe que nós nunca convencemos, que a aquiescência a uma cascata de argumentos é apenas uma capitulação lógica, superficial, inoperante. Isto não mudará nada nos modos de vida daquele que acreditamos ter convencido e que, absorvida a lista de argumentos, logo a esquecerá para continuar a viver como sua existência o quer.

A arte taoista não está dividida em compartimentos. Pelo contrário, poesia, caligrafia e pintura formam um todo e são uma coisa só. Cada obra é uma semeadura. Ela deve falar a todos os sentidos, a fim de penetrar profundamente e iniciar realmente uma prolongação de si mesma na mente do outro, que escuta os sons do poema sempre recitado em voz alta – ou até salmodiado –, que vê as linhas e as nuanças de tonalidade dos desenhos e das caligrafias, que sente a percussão das imagens e dos conceitos sobre os muros de sua emoção e de sua alma.

Arte total, portanto. Arte completa. Cheia, sempre, de alusões a outras obras, sobretudo aos grandes clássicos. Portanto, uma arte ao mesmo tempo muito simples – sem jamais ser fácil – e muito erudita.

No fundo, a grande simplicidade taoista (que jamais é facilitada) reduz as dimensões da vida humana a uma equação ética lapidar: Natureza[6] = Verdade = Beleza = Bondade.

---

6. Se nos lembrarmos que, para o sábio do Tao, a Natureza é sagrada, então natural e sagrado se tornam sinônimos e reencontramos as quatro grandes categorias da filosofia: o Verdadeiro, o Belo, o Bom e o Sagrado, que falam às

Aqui, estética e ética se tornam sinônimos. Todas as combinações circulares no seio desta equação são permitidas e devem ser meditadas, primeiro, uma a uma e, depois, todas juntas.

O verdadeiro é belo. O verdadeiro é natural. O verdadeiro é bom.

O belo é verdadeiro. O belo é natural. O belo é bom.

O bom é verdadeiro. O bom é belo. O bom é natural.

O natural é verdadeiro. O natural é belo. O natural é bom.

Portanto, estão lançadas no oceano das reflexões de você, amigo leitor, doze garrafas com quatro palavras cada uma. Em mandarim, isso daria mensagens lapidares em dois ideogramas simplesmente justapostos, onde a ordem de sucessão não desempenha nenhum papel. O que importa é a relação recíproca entre eles.

Verdadeiro Belo.

Verdadeiro Natural.

Verdadeiro Bom.

Belo Natural.

Belo Bom.

Natural Bom.

E o Doze ocidental se torna um Seis taoista: concisão, síntese, desobstrução, despojamento. Estes binários, como se vê imediatamente, não são dualismos, que exigem arbitragem e corte, mas bipolaridades, que impli-

---

quatro grandes modalidades do Espírito: o Intelecto, o Coração, o Corpo e a Alma, ou seja, a compreensão, a sensação, a ação e a elevação.

129

cam uma dinâmica, um processo, uma ascese, ou seja, de acordo com o grego[7], uma disciplina.

Libertarismo...

O sábio taoista, totalmente ao contrário do sábio confuciano, desconfia das instituições humanas e rejeita tudo o que é artificial. Ele é profundamente alérgico ao poder, sob todas as suas formas. Pratica uma forma de anarquismo: um anarquismo suave, irônico, zombeteiro. Ele sabe que o poder é um brinquedo para espíritos pueris. Ele prefere praticar um eremitismo sossegado, tranquilo, pacificado e pacífico, distante. A solidão é um benefício. Viver longe dos homens e de suas cidades, de suas leis e de suas corridas em busca de quimeras.

O sábio do Tao é um ser associal, sem ódio nem amor aos homens. Ele tem consciência de que a imensa maioria dos seres humanos são, mentalmente, crianças perdidas que brincam de guerra e de comandante. E que adoram isto.

Ele substitui o poder, a fortuna e a glória, os três grandes motores da ação dos humanos medíocres, por três virtudes essenciais: a liberdade, a sobriedade e a solidão.

Porque o poder escraviza, não só os que são sujeitados, mas sobretudo os que sujeitam: "Quem obriga se obriga", diz o ditado. O poder nega a liberdade.

---

[7]. O verbo grego *askeô* significa: "eu trabalho". Ele dá *askêsis*: "trabalho", "exercício", "arte", "estudo".

Porque também a fortuna é insaciável: ter, possuir, acumular, amontoar, atulhar-se. E cobrir-se de correntes de ouro e de prata que acabam rapidamente prendendo a pessoa numa prisão dourada, mas terrível. Não existem ricos felizes. A fortuna mata a sobriedade.

Porque, afinal, a glória é um engodo. Nada é esquecido mais depressa do que a fama. Basta percorrer nossas cidades e ler os nomes das ruas para compreender que esta apoteose de uma vida inteira – que é ter uma rua com seu nome – muito rapidamente não significa mais nada. Ninguém mais sabe quem são estes gloriosos desconhecidos que entulham os nossos endereços postais. "Sic transit gloria mundi"[8], dizia o ritual de entronização pontifícia.

Apesar deste libertarismo profundo, talvez paradoxalmente, os antigos sábios do Tao não cessaram de prodigalizar conselhos de governança, diríamos hoje, aos príncipes da época. Lao-tse e Chuang-tse são os campeões destes conselhos sobre a arte de governar.

Sua mensagem, no fundo, é única e simples – quem se admiraria de ouvir da boca de um sábio do Tao: governar é praticar o não-agir!

> Tu és Príncipe. Pois seja! Sabe, então, que o Príncipe, mais do que qualquer outro, deve curvar-se diante do Tao. Seu único papel é facilitar ao povo nadar no sentido da corrente. Teu papel não é agir, querer, obrigar. Teu papel não é nem sequer guiar: A quem guiarás tu a não ser a ti mesmo? E mais: teu único papel é revelar o sentido da corrente e opor-te aos transgressores. Tua única missão é favorecer o Tao e sua realização. O povo não espera outra coisa senão pão e

---

8. "Assim passa a glória do mundo."

jogos. Ele não passa de um "cão de palha"[9]. Tu, Príncipe, não és o Pai de teu povo; o povo não é teus filhos. Permanece em teu palácio e, enquanto o sentido do Tao e da corrente for respeitado, menos te verão, tanto menos falarás, tanto menos decretos e leis farás, tanto melhor todo o mundo se sentirá.

Imortalidade...

O sonho do religioso ocidental é a beatitude eterna para sua alma pessoal: é isto a economia da salvação. A salvação de sua alma foi há muito tempo – mas prevejo que voltará em breve, sob outras formas, com outras palavras – sua preocupação principal.

O homem ocidental não aceita sua natureza, porque não aceita nem sua finitude nem sua própria morte. Esta morte, ele a vê como um terrível escândalo inaceitável, injusto, infame, repugnante. É necessário, portanto, que haja uma saída depois desta incontestável morte que conclui a existência terrestre. Deve, portanto, haver uma existência celeste perfeita e ideal, "depois" deste mundo terrestre, material e imperfeito, de carne e de sangue, de sofrimentos e de lágrimas.

---

9. Esta expressão, frequente sobretudo em Lao-tse, é uma alusão aos costumes dos aldeões de fabricar cães de palha para animar as festas da aldeia e de queimá-los em seguida, para significar o fim das festividades. O símbolo é claro: um cão de palha é um utensílio efêmero e sem grande valor, que tem um sentido e uma missão. Nada mais.

Toda a economia da salvação, veiculada tanto pelo rabinismo judaico recente (mas não pelo hebraísmo antigo que era saduceu, nem pelo cabalismo que é naturalista) quanto pelos cristianismos e pelos islamismos, dedica-se, desde longa data, sob a inspiração de Platão, a construir uma soteriologia da eternidade pessoal. Porque aquilo que ali se tornaria imortal é o eu de cada um. Trata-se de uma salvação pessoal e individual. Trata-se da salvação da alma individual e pessoal.

Trata-se do "Eu".

Mais uma vez, o taoismo se coloca nos antípodas desta posição soteriológica apoiada na eternidade e na pessoa. Nele não existe Deus pessoal, nem além-mundos. Nele não existe criacionismo, mas antes um emanacionismo (como, aliás, para os cabalistas). Nele existe um filetismo que rejeita a individuação obsessiva do Ocidente e lhe prefere uma transmigração filética[10] dos tesouros da vida e da memória. A alma individual é apenas a expressão mutante e impermanente de uma alma mais profunda: a dos "antepassados", a da vida, a do cosmos, a do Tao.

O problema não é a eternidade individual e a recusa da morte. O problema é a imortalidade fundamental da Vida.

O sábio do Tao visa a imortalidade. Mas não se trata absolutamente – salvo nas versões populares e desencaminhadas do taoismo tardio – de uma imortalidade pessoal que seria parente próxima da eternidade da alma pessoal ocidental. Não. O sábio do Tao visa a imortalida-

---

10. Prefiro o adjetivo "filético", porque "genealógico" faria uma referência demasiada apenas à transmissão biológica do patronímico. O *phylum* contém muito mais do que apenas a sequência dos espermatozoides, já que nele se acumulam todas as memórias de todas as gerações.

de que, para ele, já está toda inteira ali, no aqui-e-agora. Ele visa o imortal aquém de todos os efêmeros. Ele visa, simplesmente, o Tao. Ele visa fundir-se e comungar intimamente com o *Logos* imortal que anima a totalidade de tudo o que existe, ele próprio inclusive. Trata-se, portanto, de transcender sua vida pela Vida que, essencialmente, por ser a expressão da dinâmica do Tao, é imensamente e eternamente imortal.

A imortalidade visada pelo sábio do Tao não tem, portanto, nada de individual ou de pessoal: trata-se de uma imortalidade impessoal ou, como diria Freud, oceânica.

Para o sábio do Tao, a morte não existe. A morte é uma ilusão. Como o nascimento, do qual ela é o simétrico. Surgimento e diluição, concatenações infinitas dos ciclos do yin e do yang. Nascimento: explosão do yang. Morte: triunfo do yin.

Nascimento: reforço e resistência do yin para construir um ser e não para estourar em pedaços brilhantes e inúteis.

Morte: reforço e regeneração do yang para prosseguir o phylum da espécie, da tribo, da família.

A Vida está além de toda morte e de todo nascimento. A Vida está além de todos os ciclos.

A sabedoria do Tao imprime uma relação alegre e tranquila ao tempo. Totalmente o contrário da angústia existencial diante da "fuga" do tempo que tanto ocupa e preocupa o Ocidente. Para a sabedoria do Tao, o tempo não passa nem foge: ele se acumula na memória cósmica, em todos estes phyla que, como árvores de uma floresta, brotam da Terra cósmica e crescem para o Céu, a fim de lhe oferecer todas as vivências do mundo, todas as realizações de todas as coisas.

O tempo não é senão a medida das oscilações do yin e do yang, que saem um do outro para juntar-se e refundir-se e opor-se ao novo.

Eis a imortalidade: a perpetuidade desta impermanência fundamental, a perpetuidade dos ciclos e oscilações do yin e do yang, que causam todas as transformações, todas as mutações e todas as transmutações, das quais as mudanças e movimentos aparentes não são senão as manifestações. É preciso olhar para além do tempo: ali está a imortalidade!

Eudemonismo...

Muitas vezes, nos restaurantes ditos "chineses" ou entre os vendedores de bibelôs, expõem-se ou vendem-se "budas" barrigudos e hílares, com longas orelhas — símbolo de sabedoria —, às vezes sentados, muitas vezes andando, munidos de um bordão de peregrino.

Estes personagens, provenientes diretamente da China tradicional, não são "budas" e não têm nada a ver com o budismo. Trata-se de antigos monges errantes taoistas.

O que os caracteriza é, sobretudo, sua hilaridade. Eles são alegres. Simplesmente e profundamente alegres. Eles praticam, com a maior mestria e a maior seriedade, a arte da alegria de viver. Não se trata absolutamente de hedonismo: os princípios da frugalidade e da sobriedade quase não têm lugar ali. O prazer não é excluído, longe disso. Ele é uma consequência, não um objetivo. O prazer só é bom se for consequência da alegria vivida. Um prazer sem alegria não é senão depravação e desregramento.

A hilaridade destes monges errantes, como se percebe, tem duas grandes fontes: a vida serena e calma no seio do Tao, sem dúvida, mas também uma imensa ironia diante do espetáculo da estupidez e da ignorância humanas. A sabedoria do Tao é uma aristocracia do espírito da qual estes monges são os portadores: a fatuidade pretensiosa e arrogante dos poderosos e a mesquinharia imbecil e maldosa das massas os fazem chorar de rir.

No entanto, tudo é tão simples, tão belo, tão natural... e eis a maioria: presa em seus fantasmas e seus apetites, incapaz de perceber a sombra do menor frêmito de verdade.

Esta ironia é totalmente estranha ao desprezo. Não se trata de desprezo, uma vez que o desprezo já é apego. Também não pode, em compensação, tratar-se de compaixão, já que a compaixão ou a piedade também são apegos.

Nem desprezo nem piedade. Indiferença aristocrática, de preferência. E divertida. Enquanto a verdade está ali, tão simples, tão evidente, ao alcance de todos, mesmo dos menos instruídos, mesmo dos mais miseráveis. Mas o que têm a ver com a sabedoria eles, os glutões, que não são senão estômagos e testículos, que só vivem na aparência e na comilança?

E estes monges hílares e sábios sabem muito bem que nunca se consegue convencer ninguém de sua própria estupidez, de sua própria ignorância, de sua própria falta de conhecimento do mundo e da vida: cada um acredita saber tudo o que é necessário de astúcia e de malícia para enganar os outros e encher os bolsos ou o esquife.

A sabedoria do Tao é uma alegria de viver, um culto e uma cultura da alegria de viver. Aqui, no Ocidente, foi provavelmente Spinoza quem chegou mais perto deste estado de espírito. A Alegria, com maiúscula. Esta alegria que não tem nada a ver com felicidade. Esta alegria que é uma questão de vontade e de decisão pessoal, que é decidida cada manhã, que é uma maneira voluntária e voluntarista de viver o mundo e a vida. Esta alegria não tem nada a ver com a felicidade, como eu dizia, porque a felicidade é uma consequência, uma constatação, "algo dado" ou, melhor, "algo recebido" proveniente das circunstâncias e/ou dos outros. A alegria é estranha ao "exterior"; ela é uma decisão do "interior". Ela é construída e não suportada. Ela é um estado de espírito.

Isto se chama, tecnicamente, eudemonismo. Hilaridade e bonomia sugeridas pela barriga do monge errante, que, todo bonachão, segue seu caminho em direção a mais consciência e simplicidade, em direção a mais sabedoria e leveza, mergulhando sempre mais no Tao até chegar à transparência definitiva de todas as coisas.

Elitismo...

Toda forma de vida, mesmo humana, é respeitável, já que a Vida é a sacralidade suprema. Mas graus de nobreza notoriamente desiguais e díspares diferenciam as existências individuais.

Aquele cujo único prazer é assistir a partidas de futebol na televisão, bebendo canecas de cerveja (para usar o clichê caricatural), não dá evidentemente a mesma contribuição para a realização do Tao como aquele cuja alegria de viver nasce da criação artística, filosófica ou científica. É lamentável para as doutrinas igualitaristas, mas a evidência é clara: uma árvore, crescendo e dando frutos, contribui muito mais para a Vida do que aqueles cuja única ocupação é ganhar dinheiro saqueando e pilhando tudo por onde passam. Tomando como medida a Vida e o Tao, esses saqueadores não merecem o ar que respiram, a tal ponto são nocivos: eles são o câncer da Terra, a gangrena da Vida.

Por trás destas palavras bem concretas, perfila-se uma visão elitista da existência. Em suma, uma ética da contribuição.

A sabedoria do Tao é claramente aristocrática. Não com o aristocratismo do desprezo, da aparência, do prestígio, da fortuna ou do nome, mas com uma autêntica aristocracia do espírito e do mérito, uma aristocracia iniciática na qual a única medida a ser tomada, na qual o único julgamento que teria um sentido, se todo julgamento não fosse absurdo, seria a distância percorrida entre o ilusório e o Tao.

Uma aristocracia não da afirmação arrogante de si mesmo, mas antes uma aristocracia sorridente da autossuperação, do esquecimento de si mesmo. Não uma aristocracia do "Conhece-te a ti mesmo", mas uma aristocracia do "Esquece-te de ti mesmo".

Maldito orgulho ou fanfarronice, maldita arrogância e fatuidade. A sabedoria do Tao mede, a cada passo, a insignificância humana diante do Tao. Em suma, uma aristocracia da humildade.

Mas uma aristocracia sem piedade, sem compaixão, sem comiseração. Encontramos aqui de novo, evidentemente, imediatamente, a postura de Nietzsche, o homem mais doce, mais sensível e mais terno que existiu (não perdeu ele definitivamente a razão em 1889, onze anos antes de morrer no mais completo mutismo, em Nice, agarrado, entre lágrimas, ao pescoço de um cavalo que seu cocheiro espancava?). Mas esta sensibilidade jamais se torna pieguice. Esta doçura jamais se torna laxismo. Esta ternura jamais se torna comiseração.

Pelo contrário, ternura, sensibilidade e doçura só adquirem sentido na exigência mais absoluta: que o humano se torne homem ou que ele estagne! Cada um tem o pleno direito de escolher sua própria estagnação; mas então não formule jamais nenhuma queixa, sob pena de receber, como eco, apenas sarcasmo e ironia.

Mas não tornemos o quadro sombrio demais. O sábio do Tao é em primeiro lugar alguém sorridente, benévolo, modesto e discreto. Ele não se impõe jamais em nenhum lugar. Prefere sua solidão e daria tudo o que tem para viver longe de todas estas mundanidades e vínculos sociais fúteis e estéreis.

Ele não passaria de um psicólogo medíocre se visse nas "relações humanas" apenas uma salada de concorrências vãs ou de lamúrias indolentes.

O populacho, a massa, para ele não passa de "cães de palha": existem, atulham o mundo, desaparecerão, servem apenas aos próprios apetites e caprichos, não deixarão nenhum vestígio, não contribuem em nada para a realização do Tao; são, portanto, totalmente inúteis. Tanto no riso quanto no choro, a careta é mais bonita...

À guisa de conclusão...

Esta palavra "conclusão" é indecente. Como se houvesse alguma coisa a concluir. Como se pudéssemos concluir um assunto tão imortal como a própria Vida e o próprio Tao.

Concluir este epílogo só tem sentido se a conclusão assume a forma de uma ponte, de um trampolim, de um ponto de partida...

Leitor, lanço a você um desafio.

Parta, percorra um pedaço do caminho pelas pistas aqui traçadas. Sofra, talvez, sobretudo no início... mas desfrute em seguida. Pratique a alegria de viver, todo o tempo e em todo lugar. Ame a vida e o mundo. Mande às favas todos os ideais, todos os idealismos, todas as ideologias. Olhe, escute, sinta, saboreie, toque. Nada é anódino. Tudo é milagre. Tudo é sinal. Tudo é símbolo. Viva sua vida como uma vasta e incessante hermenêutica.

Ande, portanto, leitor!

E eu desafio você a contar-me o seu caminho!...

marc@noetique.eu

Fim da redação neste belo domingo,
6 de fevereiro de 2011,
sob um magnífico e luminoso sol de inverno,
no meu caro Morvan.

CULTURAL

Administração
Antropologia
Biografias
Comunicação
Dinâmicas e Jogos
Ecologia e Meio Ambiente
Educação e Pedagogia
Filosofia
História
Letras e Literatura
Obras de referência
Política
Psicologia
Saúde e Nutrição
Serviço Social e Trabalho
Sociologia

CATEQUÉTICO PASTORAL

Catequese
Geral
Crisma
Primeira Eucaristia

Pastoral
Geral
Sacramental
Familiar
Social
Ensino Religioso Escolar

TEOLÓGICO ESPIRITUAL

Biografias
Devocionários
Espiritualidade e Mística
Espiritualidade Mariana
Franciscanismo
Autoconhecimento
Liturgia
Obras de referência
Sagrada Escritura e Livros Apócrifos

Teologia
Bíblica
Histórica
Prática
Sistemática

REVISTAS

Concilium
Estudos Bíblicos
Grande Sinal
REB (Revista Eclesiástica Brasileira)
SEDOC (Serviço de Documentação)

VOZES NOBILIS

Uma linha editorial especial, com importantes autores, alto valor agregado e qualidade superior.

VOZES DE BOLSO

Obras clássicas de Ciências Humanas em formato de bolso.

PRODUTOS SAZONAIS

Folhinha do Sagrado Coração de Jesus
Calendário de mesa do Sagrado Coração de Jesus
Agenda do Sagrado Coração de Jesus
Almanaque Santo Antônio
Agendinha
Diário Vozes
Meditações para o dia a dia
Encontro diário com Deus
Guia Litúrgico

CADASTRE-SE
www.vozes.com.br

EDITORA VOZES LTDA.
Rua Frei Luís, 100 – Centro – Cep 25689-900 – Petrópolis, RJ
Tel.: (24) 2233-9000 – Fax: (24) 2231-4676 – E-mail: vendas@vozes.com.br

UNIDADES NO BRASIL: Belo Horizonte, MG – Brasília, DF – Campinas, SP – Cuiabá, MT
Curitiba, PR – Florianópolis, SC – Fortaleza, CE – Goiânia, GO – Juiz de Fora, MG
Manaus, AM – Petrópolis, RJ – Porto Alegre, RS – Recife, PE – Rio de Janeiro, RJ
Salvador, BA – São Paulo, SP